HERBERT BECKER · CHRISTIAN GRELLER

VON HEXEN, GEISTERN UND VERBRECHERN

DIE UNHEIMLICHSTEN ORTE IN STRAUBING UND IM LANDKREIS STRAUBING-BOGEN

Herbert Becker · Christian Greller

Von Hexen, Geistern und Verbrechern

Die unheimlichsten Orte in Straubing und im Landkreis Straubing-Bogen

SüdOst Verlag

BIBLIOGRAFISCHE INFORMATION
DER DEUTSCHEN NATIONALBIBLIOTHEK

Die Deutsche Nationalbibliothek verzeichnet diese Publikation in der Deutschen Nationalbibliografie; detaillierte bibliografische Daten sind im Internet über http://dnb.dnb.de abrufbar.

ISBN 978-3-95587-828-3

Für uns, die Battenberg Gietl Verlag GmbH mit all ihren Imprint-Verlagen, ist Nachhaltigkeit ein wichtiger Teil unserer Unternehmensphilosophie. Daher achten wir bei allen unseren Produkten auf den Einsatz umweltschonender Ressourcen und Materialien. Dieses Buch wurde auf FSC®-zertifiziertem Papier gedruckt. FSC (Forest Stewardship Council®) ist eine nicht staatliche, gemeinnützige Organisation, die sich für die verantwortungsvolle und ökologische Nutzung der Wälder unserer Erde einsetzt.

Unsere Partnerdruckerei kann zudem für den gesamten Herstellungsprozess nachfolgende Zertifikate vorweisen:

- Zertifizierung für FOGRA PSO
- Zertifizierungssystem FSC®
- Leitlinien zur klimaneutralen Produktion (Carbon Footprint)
- Zertifizierung EcoVadis (die Methodik besteht aus 21 Kriterien in den Bereichen Umwelt, Einhaltung menschlicher Rechte und Ethik)
- Zertifikat zum Energieverbrauch aus 100 % erneuerbaren Quellen
- Teilnahme am Projekt „Grünes Unternehmen" zum Schutz von Naturressourcen und der menschlichen Gesundheit

LEKTORAT: CARINA EICHENSEHER

GRAFISCHE ELEMENTE:
TATYANA BOROZENETS, 23RF.COM; VAL_IVA, FOTOLIA.COM; KLAUTS, 123RF.COM

KARTEN ERSTELLT MIT © MAPZ.COM – MAP DATA: OPENSTREETMAP ODBL

1. AUFLAGE 2024
ISBN 978-3-95587-828-3

WWW.BATTENBERG-GIETL.DE

VORWORT

Der Landkreis Straubing-Bogen ist alles andere als ein historisch, landschaftlich, wirtschaftlich und kulturell einheitlicher Bereich. Die Donau, die ihn in West-Ost-Richtung durchfließt, teilt ihn in zwei annähernd gleich große Gebiete: Der nördlich der Donau gelegene Teil wird gemeinhin *der Wald* genannt, der südliche wird als *der Gäuboden* bezeichnet. Sowohl *der Wald* – das ist der Bayerische Wald – als auch *der Gäuboden* – das ist das fruchtbare Lössgebiet in der Donauebene – reichen über den Landkreis hinaus. Andererseits gehört der *südöstliche Teil des Gäubodens*, also zum Beispiel *die Gegend um den Markt*

Mallersdorf-Pfaffenberg, nicht mehr zum Gäuboden, sondern zum niederbayrischen Tertiärhügelland. Und um es noch komplizierter zu machen: Straubing, das etwa so in der Mitte des Landkreises liegt wie der Dotter in einem Spiegelei, ist eine kreisfreie Stadt. Sie wird lediglich vom Landkreis umschlossen, ist allerdings dessen Verwaltungssitz.

Diese Komplexität spiegelt die kulturelle Vielfalt wider, die den Landkreis Straubing-Bogen auszeichnet. Die Gäubodenbauern waren im Großen und Ganzen erheblich wohlhabender als die Waldler; wenn sie im Wirtshaus saßen sprachen sie vor allem über Getreidepreise oder den Gewinn aus ihrem letzten Viehhandel. Freilich erzählten auch sie sich von Verbrechen und von Dingen, die nicht geheuer waren. Aber es scheint, als hätten bei ihnen technische Neuerungen und wirtschaftlicher Fortschritt spätestens im 20. Jahrhundert die mündlichen Überlieferungen in den Hintergrund gedrängt und eine stärker materiell orientierte Kultur gezeitigt als das im Wald der Fall war. Dort saß man eher daheim am Herdfeuer und lauschte den *scheichtsamen* Geschichten der Alten, Geschichten, die von Unheimlichem und Unerklärlichem berichten, *Weihrazgeschichten*, die von Spuk und Geschehnissen in einer Zwischenwelt handeln und meist mit der Versicherung enden, dass sie wirklich wahr sind.

Katholisch war man im Gäuboden wie im Wald, doch das schloss eine gehörige Portion Aberglauben nirgendwo und zu keiner Zeit aus. Und wenn man sich etwas überhaupt nicht anders erklären konnte, dann sah man hier wie dort den Teufel am Werk.

HERBERT BECKER (Autor)
und CHRISTIAN GRELLER (Fotograf)

INHALTSVERZEICHNIS

DIE STADT STRAUBING

NÖRDLICH DER DONAU – DER WALD

SÜDLICH DER DONAU – DER GÄUBODEN

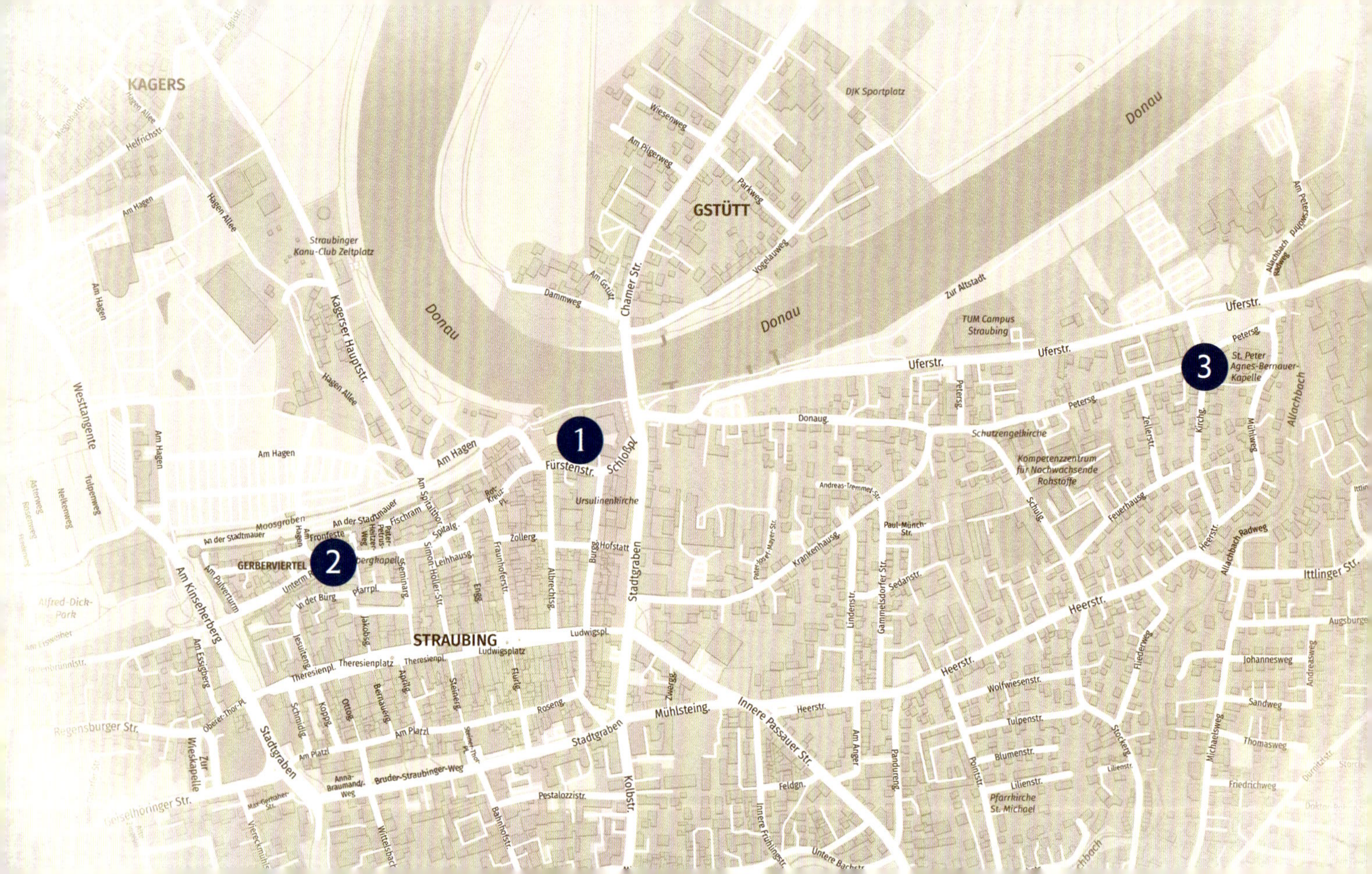
1
2
3
STRAUBING
GERBERVIERTEL
KAGERS
GSTÜTT
Donau
Westtangente
Tulpenweg
Nelkenweg
Asternweg
Rosenweg
Alfred-Dick-Park
Am Hagen
Hagen Allee
Helfrichstr.
Kagerser Hauptstr.
Straubinger Kanu-Club Zeltplatz
Am Kinseherberg
Zur Wieskapelle
Am Essigberg
Obere-Thor-Pl.
Regensburger Str.
Stadtgraben
Am Pulverturm
An der Stadtmauer
Moosgraben
Fischram
Am Spitaltor
In der Burg
Jesuiteng.
Theresienpl.
Theresienplatz
Schmidg.
Koppg.
Ottog.
Jakobsg.
Pfarrpl.
Bernauerg.
Seminarg.
Simon-Höller-Str.
Spitalg.
Steinerg.
Engg.
Ludwigsplatz
Ludwigspl.
Fraunhoferstr.
Rot-Kreuz-Pl.
Zollerg.
Albrechtsg.
Fürstenstr.
Burgg.
Hofstatt
Ursulinenkirche
Schloßpl.
Chamer Str.
Dammweg
Am Gstütt
Am Pilgerweg
Wiesenweg
Parkweg
Vogelauweg
DJK Sportplatz
Zur Altstadt
Am Platzl
Bruder-Straubinger-Weg
Pestalozzistr.
Kolbstr.
Roseng.
Mühlsteing.
Zwergg.
Innere Passauer Str.
Heerstr.
Feldg.
Am Anger
Pater-Josef-Mayer-Str.
Krankenhausg.
Andreas-Tremmel-Str.
Donaug.
Lindenstr.
Gammelsdorfer Str.
Sedanstr.
Paul-Münch-Str.
Uferstr.
Petersg.
TUM Campus Straubing
Schutzengelkirche
Kompetenzzentrum für Nachwachsende Rohstoffe
Schulg.
Pointstr.
Pfarrkirche St. Michael
Blumenstr.
Tulpenstr.
Wolfwiesenstr.
Fliederweg
Feuerhausg.
Zellerstr.
Kirchg.
St. Peter
Agnes-Bernauer-Kapelle
Mühlweg
Allachbach
Allachbach Radweg
Am Peterswöhrd
Michaelsweg
Thomasweg
Sandweg
Johannesweg
Andreasweg
Friedrichweg
Ittlinger Str.

DIE STADT STRAUBING

DER FALL AGNES BERNAUER

Von allen Geschichten, die sich mit der Stadt Straubing verbinden, ist diejenige der Agnes Bernauer und ihrer Liebe zu Herzog Albrecht III. die bekannteste. Im Jahr 1428 sollen sie sich kennengelernt haben, in Augsburg. Der 27 Jahre alte, gut aussehende und beliebte Herzog hatte an einem Turnier teilgenommen und sich anschließend in einem Badhaus vergnügt. Agnes war die Tochter des Betreibers dieser „Herberge der Leichtfertigkeit". Sie war siebzehn oder achtzehn Jahre alt und eine ausgesprochene Schönheit.

Vieles von dem, was über sie und ihr Verhältnis zu Albrecht gesagt wurde und wird, beruht auf mündlichen Überlieferungen, Mutmaßungen und Erfindungen. Als sicher darf immerhin gelten, dass sich die beiden ineinander verliebt haben. Albrecht wollte Agnes heiraten – und vielleicht hat er es sogar heimlich getan. Aber es sprachen gewichtige politische Gründe gegen die Verbindung: Bayern zerfiel zu jener Zeit in drei Teilherzogtümer, und Kinder aus der Ehe mit einer nicht standesgemäßen Frau kamen unter keinen Umständen für die Erbfolge in Betracht. Das Herzogtum Bayern-München, über das Albrechts Vater, Herzog Ernst, regierte, wäre an Herzog Heinrich den Reichen in Landshut oder Ludwig den Gebarteten in Ingolstadt gefallen. Möglicherweise wäre ein Bürgerkrieg die Folge gewesen. Nein, Albrecht musste eine Adlige heiraten.

Doch er und Agnes wollten nicht voneinander lassen, und das dürfte Herzog Ernst schier zur Ver-

INFO:

Das **Herzogsschloss** dient heute als Behördensitz, es beherbergt ferner die Stadtbibliothek und das Stadtarchiv. Der Innenhof des Schlosses ist jederzeit frei zugänglich. Der Rittersaal, in dem vermutlich der Prozess gegen Agnes Bernauer stattgefunden hat, kann nur im Rahmen von Veranstaltungen und Führungen besichtigt werden.

Der **Agnes-Bernauer-Garten** ist von Dienstag bis Freitag jeweils von 10.00 bis 17.30 Uhr, am Samstag von 10.00 bis 12.30 Uhr zugänglich, allerdings nur bei schönem Wetter. Der Zugang erfolgt über die Stadtbibliothek.

INFO:

Der Spaziergang von der **Agnes-Bernauer-Brücke** bis dorthin, wo sich die Alte Donau mit dem 1480 geschaffenen Lauf vereinigt, führt an jener – nicht mehr auszumachenden – Stelle vorbei, an der man die Leiche aus dem Wasser zog. Der Spaziergang beginnt an einem Parkplatz in der nordwestlichen Ecke der Kleingartenanlage „Schwedenschanze" und führt u. a. durch ein Biber-Biotop. Es handelt sich nicht um einen Rundweg, man muss dieselbe Strecke beim Hin- und Rückmarsch begehen.

zweiflung getrieben haben. Er war verantwortlich für sein Herzogtum! Er bot Agnes an, die Beziehung zu seinem Sohn zu beenden, sich auszahlen zu lassen und zu verschwinden. Oder in ein Kloster zu gehen. Sie lehnte ab. Und so ließ sie der Herzog schließlich wegen Zauberei vor Gericht stellen. Um dem Haus Wittelsbach zu schaden, habe sie, so die Anklage, den Herzogssohn dazu gebracht, mit ihr eine Liebesbeziehung einzugehen.

URTEILSSPRUCH IM HERZOGSSCHLOSS

Der Prozess fand im Herzogsschloss statt. Es war ein kurzer Prozess. Albrecht war auf einem mehrtägigen Jagdausflug, und alles sollte vorüber sein, ehe er zurückkam. Irgendwelcher Ermittlungen bedurfte es nicht, das Urteil – es wurde am 11. Oktober 1435 gefällt – stand von vornherein fest. In welchen Räumlichkeiten Agnes ihre letzte Nacht verbrachte, ist nicht bekannt. Im 18. Jahrhundert kam die Vermutung auf, man habe sie nach der Verurteilung in den heute so genannten Agnes-Bernauer-Turm gesperrt. Der Straubinger Heimatdichter Marzell Oberneder schrieb über dieses Bauwerk: „Drohendes Burggemäuer, überspannt von einem zwielichtigen Himmel. Die Raben umkreisen es, als suchten sie Beute. Das Herz horcht auf, erschrickt. Es wittert Folterwerkzeug und Scheiterhaufen. … Das Volk weiß es genau, dass darin die engelgleiche Baderstochter aus Augsburg eingesperrt wurde, ehe sie der Henker in der Donau ertränkte. …" Glauben schenkt Oberneder dem, was das Volk zu wissen meinte, nicht – zu Recht, denn der Turm in der nordwestlichen Stadtbefestigung wurde erst 1477 gebaut. Gut möglich allerdings ist, dass Agnes ihre letzten Schritte auf jenem Areal getan hat, das heute Agnes-Bernauer-Garten genannt wird.

DIE DONAUBRÜCKE – SCHAUPLATZ DER HINRICHTUNG

Das Urteil wurde am Tag nach dem Richterspruch vollstreckt. Das Volk durfte zuschauen.

Aventin, der große bayrische Geschichtsschreiber des Spätmittelalters, berichtet, dass Agnes Bernauer zusammen mit zwei Hunden in einen Sack eingenäht und von der Donau-

brücke in den Fluss geworfen wurde. Doch Aventin wurde erst 42 Jahre nach Agnes' Tod geboren. Auf die erwähnte Hinrichtungsmethode hat er vielleicht aus dem Epitaph in der Agnes-Bernauer-Kapelle auf dem Petersfriedhof geschlossen. Dort sind zu Füßen der etwa lebensgroß dargestellten Agnes zwei Hunde zu sehen, die links und rechts an ihr hochspringen.

Eher den Tatsachen entsprechen dürfte die Schilderung des zeitgenössischen Chronisten Andreas von Regensburg: „Im selben obengenannten Jahr … wurde auf Befehl des Herzogs Ernst von Bayern eine überaus schöne Frau, die Geliebte seines Sohnes Albrecht […], von der Donaubrücke in Straubing gestürzt. […] Mit Hilfe des einen Fußes, der nicht gefesselt war, schwamm sie ein Stück und kam nahe ans Ufer, mit heiserer, kläglicher Stimme rufend: Helft! Helft! Der Folterknecht aber, der sie von der Brücke gestürzt hatte, lief am Donauufer hinzu und, weil er den jähen Zorn des Herzogs Ernst fürchtete, wickelte er eine lange Stange in ihr Haar und drückte sie wieder unter Wasser."

Die Brücke, von der man Agnes warf, überspannte unweit der heutigen Agnes-Bernauer-Brücke den nunmehr „Alte Donau" genannten Flussarm.

Es heißt gelegentlich, Agnes' Leiche sei unterhalb des heutigen Petersfriedhofs angeschwemmt worden. Das kann nicht sein, denn die Donau wurde erst 1480 in das Bett geleitet, in dem sie heute am Herzogsschloss und unterhalb von St. Peter vorbeifließt.

Wie Albrecht reagierte, als er von seinem Jagdausflug zurückkam, ist nicht überliefert. Fest steht jedoch, dass er sich keine drei Monate später mit seinem Vater versöhnte und im November des folgenden Jahres die Herzogin Anna von Braunschweig-Grubenhagen heiratete. Immerhin ließ er alljährlich am Todestag von Agnes Bernauer eine Messe lesen.

SCHARFRICHTER UND RICHTSTÄTTEN

Wann in Straubing zum ersten Mal die Todesstrafe vollstreckt wurde, ist unbekannt. Der älteste durch Quellen gesicherte Fall ist die Hinrichtung der Agnes Bernauer. Der Name des Mannes, der die junge Frau in der Donau ertränkte, ist nicht überliefert. Wahrscheinlich war es sein Beruf, Menschen zu exekutieren, und vermutlich war er dafür ausgebildet worden. Gegenstand einer solchen Ausbildung war nicht nur das Exekutieren, sondern auch das Foltern, durch das Angeklagte geständig gemacht werden sollten. Meist war der Beruf des Scharfrichters mit dem Amt des Wasenmeisters verbunden, des Abdeckers also, der für die Beseitigung und Verwertung von Tierkadavern sorgte. Obwohl weder der eine noch der andere Beruf aus der Gesellschaft wegzudenken war, galten beide als unehrlich. Das hieß unter anderem, dass die Männer, die ihn ausübten, nur Frauen heiraten konnten, die demselben Stand entstammten. Als Folge davon bildeten sich regelrechte Scharfrichterdynastien heraus. Zu wohnen hatten deren Angehörige außerhalb der Stadtmauer. In Straubing befand sich das Anwesen, das sie über Jahrhunderte hinweg nutzten, südlich der Stadt. Es bestand aus „dem Wohngebäude, kleinem Stall nebst der Wasenstätte", die Adresse lautete **„Altstadt Nummer 718"**, das ist die heutige Frühlingsstraße Nummer 1.

INFO:

Die Fronfeste ist heute das Wohnhaus mit der Adresse Fronfeste 6.

RICHTSTÄTTE VOLKSFESTPLATZ

Der erste namentlich bekannte Straubinger Scharfrichter hieß Matthes Wiedemann. Er übte sein Amt in der zweiten Hälfte des 16. Jahrhunderts aus. Mehr als ein Dutzend weiterer Scharfrichter folgte ihm nach. Die Stätten, an denen sie ihr blutiges Handwerk verrichteten, wechselten mehrfach. Unter anderem fanden Schwerthinrichtungen auf dem **Stadtplatz** statt, in unmittelbarer Nähe der Jesuitenkirche und der Dreifaltigkeitssäule. Dort wurde im Mai 1742 auch jenes Blutgerüst aufgerichtet, auf dem der Oberstleutnant Johann Carl Platin sein Leben ließ. Platin hatte im Österreichischen Erbfolgekrieg einem Befehl des bayerischen Kurfürsten Karl Albrecht zuwidergehandelt; in aussichtsloser Lage hatte er ein Kapitulationsangebot der Österreicher angenommen und seine Truppen aus ihren Stellungen abgezogen. Dafür wurde er zum Tod verurteilt.
Die öffentlichen Hinrichtungen hatten, wie man heute sagen würde, Eventcharakter. In manchen Fällen wurden auf dem Richtplatz Bierbuden aufgestellt, es kamen mehrere Zehntausend Menschen, und die Stimmung bordete dermaßen über, dass die Anwohner um ihr Hab und Gut fürchteten. Weil durch das Gedränge auf keinen Fall Brücken versperrt

oder überlastet werden durften, suchte man nach großen, freien Flächen. Der **Hagen** entsprach diesen Anforderungen. Anfangs stand das Podium mit dem Blutstuhl im Norden des Geländes, auf der sog. Gänsweide – so nannte man den Platz zwischen der inneren und der äußeren Donaubrücke –, später errichtete man es weiter südlich, zwischen der Schießstätte und der Fronfeste, direkt auf dem heutigen Volksfestplatz.

Im 19. Jahrhundert sank die Zahl der Hinrichtungen. Nach dem Tod des letzten Straubinger Scharfrichters, Joseph Zankl, im Jahr 1843, ließ man, statt einen eigenen Scharfrichter zu bezahlen, im Bedarfsfall eine Fachkraft aus einer anderen Stadt kommen. Der Attraktivität der öffentlichen Hinrichtungen tat das keinen Abbruch.

Gut dokumentiert ist nicht nur der Ablauf der Exekutionen, bekannt sind auch die Strecken, auf denen sich die Wägen mit den Todeskandidaten durch die unüberschaubare Menge der Gaffer bewegten. Als im September 1852 der wegen Raubes verurteilte Joseph Schnauhuber zur Richtstätte gebracht wurde, geschah das auf folgendem Weg: „Um 9¼ Uhr vom hintern Thore der Frohnveste beim Spitalthore durch die Fraunhoferstraße zum Rathause und von da links um den Stadtthurm durch dieselbe Straße zur Richtstätte am Hagen."

Das **Rathaus** war eine wichtige Station, denn vom Rathausbalkon, von dem ein rotes Tuch hing, wurde „… dem Verurtheilten das Todesurteil vorgelesen und … über ihn der Stab gebrochen."

Die Straubinger **Fronfeste,** erbaut als Teil der mittelalterlichen Stadtbefestigung, diente lange als Gefängnis. Die Foltermethoden, mit denen die dort Inhaftierten geständig gemacht werden sollten, waren vielfältig, die eingesetzten Werkzeuge – die man vor der Verwendung oft mit Weihwasser besprengte, um die Macht des Teufels zu brechen – von bestialischem Einfallsreichtum. Meist begann die so genannte peinliche Befragung mit dem Daumenstock: Der Scharfrichter steckte die Daumen der Angeklagten in zwei

Schrauben, die zugedreht wurden, bis das Blut spritzte. Führte das nicht zu einem Geständnis, kamen die Beine in die „Spanischen Stiefel“, eine Vorrichtung, die so lange verengt werden konnte, bis die Knochen zersplitterten. Danach wurden den Delinquenten die Hände auf den Rücken gebunden und man zog sie mit einem Seil ruckartig nach oben, so dass die Arme aus den Gelenken sprangen. Nicht selten hängte man den derart Gequälten noch schwere Gewichte an die Füße. Dazu schüttete man ihnen brennenden Schwefel über den Körper, schlug sie mit Peitschen, schleifte sie über Leitern, aus deren Sprossen Nägel standen …

Im Jahr 1649 wurde in der Fronfeste eine Frau namens Brigitha Päkhin von Bärnstein „der Zauberey und Hexerei halber“ von den „deputierten Churfürstl. Herrn Räts und Inquisitions Commissarii … peinlich examiniert“.

Die Verhöre erbrachten nicht das gewünschte Ergebnis. Brigitha Päkhin von Bärnstein leugnete härtnäckig oder widerrief ihre Aussagen nach der Tortur, sie rief Gott und verschiedene Heilige an – und schließlich schlief sie ein. Das heißt: Sie verlor das Bewusstsein, was man als Werk des Teufels erachtete, der sie vom Schmerz erlöste.

Weil die Vorwürfe gegen die Päkhin nicht in ausreichendem Maß bestätigt werden konnten, wurde sie – wie in solchen Fällen üblich – des Landes verwiesen. Der Verdacht auf Hexerei und Zauberei bestand schließlich weiter.

Hier
ruht im Frieden
der
ehrengeachte
Titl Herr
Joseph Zankl,
königlicher Scharf-
richter in d. Altstadt
Straubing.

DER PETERSFRIEDHOF

Der Friedhof St. Peter mit seinen 1350 Gräbern sowie einer Reihe von bedeutenden Baudenkmälern ist eine beeindruckende Anlage. Den Messungen von Wünschelrutengängern zufolge verläuft unter der St.-Peters-Kirche eine starke Wasserader. Damit wäre die Kirche – wie viele alte Gotteshäuser – auf einem Kraftort errichtet. Man muss kein Esoteriker sein, um die Ansicht zu teilen, dass es sich bei dem Friedhof um einen mystischen Ort handelt.

Das bekannteste Bauwerk auf dem Friedhof ist – neben der Kirche – die **Agnes-Bernauer-Kapelle.** Herzog Ernst ließ sie im Jahr nach dem Tod von Agnes Bernauer errichten, angeblich als Sühne für das an ihr begangene Verbrechen. Zur Ausstattung gehört ein Epitaph aus rotem Marmor, in den ein Relief eingemeißelt ist. Es zeigt die Tote etwa lebensgroß; ihr Kopf ruht auf einem Kissen, in der rechten Hand, an der sie zwei Ringe trägt, hält sie einen Rosenkranz. Die beiden Hunde zu ihren Füßen sind möglicherweise als Wegweiser ins Jenseits zu deuten. Als Todestag wird auf dem Stein irrtümlicherweise der 12. Oktober 1436 (statt 1435) angegeben. Wo Agnes bestattet wurde, ist unbekannt. Oft wurde die Meinung geäußert, sie sei im Kreuzgang des Karmelitenklosters beigesetzt, aber nach der Fertigstellung der Kapelle in diese überführt worden. Ihr Grab wurde bislang weder hier noch dort gefunden.

INFO:

Der Friedhof St. Peter ist von Montag bis Freitag jeweils von 8.00–11.00 Uhr und 13.00–15.00 Uhr geöffnet.

Die Agnes-Bernauer-Kapelle und die Totentanz-Kapelle können nur im Rahmen von Führungen durch das Amt für Tourismus Straubing (Tel. 09421-94469199) besichtigt werden.

Das Grab von Joseph Zankl liegt nahe des Friedhofseingangs, auf der rechten Seite des Weges.

Die **Totentanz- oder Seelenkapelle** diente im späten Mittelalter als Beinhaus. Im 18. Jahrhundert wurden in die Nord- und Ostseite Mauernischen zur Aufnahme von Särgen eingebaut, und der Künstler Felix Hölzl schmückte das Bauwerk mit Totentanz-Bildern aus.

Die Totentanz-Tradition entstand etwa in der Mitte des 14. Jahrhunderts, als die Pest das Land heimsuchte. Ihre höchste Ausprägung fand sie in der Barockzeit.

Auf jedem der 44 Bilder in der Straubinger Kapelle ist der Tod zu sehen – mit einem soeben Verstorbenen oder einem gerade noch Lebenden. Sämtliche Berufsgruppen, darunter auch Kleriker, sind vertreten. Verse erläutern und kommentieren das dargestellte Geschehen. So heißt es etwa beim Bild des Chirurgen:

„So tief ein kühner Stahl nur immer trang hinein,
so mueste doch die wunde so gleich geheylet sein,
doch ietzt: wer hilft mir für des Todes Mörderstreiche?
Sein pfeil ach ist vergift, ich bin schon eine Leiche."

In jedem Fall triumphiert der Tod; dem Betrachter wird die eigene Sterblichkeit vor Augen geführt.

DAS GRAB DES SCHARFRICHTERS JOSEPH ZANKL

Eigentlich durften Scharfrichter nach katholischem Recht nicht auf einem katholischen Friedhof begraben werden. So gesehen ist das Grab des letzten Straubinger Scharfrichters ein Dokument der Rechtsgeschichte. Zankl hatte es zu ansehnlichem Wohlstand gebracht und die Plätze im Friedhof für sich und seine Frau gekauft. In anderen Städten blieb Scharfrichtern die Bürgerwürde versagt, Zankl jedoch wird auf seinem Grabstein als „der ehrengeachte Till [titulierte] Herr Joseph Zankl, königlicher Scharfrichter in d. Alltstadt Straubing“ bezeichnet. Ein Kreuz durfte seines Berufes wegen nicht in das Grabmal eingemeißelt werden, doch auf dessen Rückseite ist eine Hand zu sehen, die das Scharfrichterschwert hält – ein Bild, das immerhin den Anschein eines Kreuzes erweckt. Das von ihm tatsächlich bei Hinrichtungen benutzte Schwert wird im Gäubodenmuseum ausgestellt. Es trägt die Inschrift: „Die Herren steuern dem Unheil, ich exequir ihr Urdheil“ („Die Herren steuern das Unheil, ich führe ihr Urteil aus.“).

Zankl starb im Jahr 1843; im Zuge einer Restaurierung des Steins wurde als Todesjahr fälschlicherweise „1846“ eingemeißelt.

Im Grab links von demjenigen Zankls ist seine Ehefrau beerdigt: „Hier /ruhet im Frieden/ die tugendsame Frau/ Anna Maria Zankl/ königliche Scharfrichtersgattin/ allhier/ ...“ Zur Linken von Joseph Zankl befindet sich „die Ruhestätte/ des ehrengeachten Herrn/ Joseph Zankl, / Oekonomie- und Realitäten Besitzer dahier“.

Neurandsberg
Prackenbach
Witzenzell
Eckerzell
Kager
Gossersdorf
4
Rattenberg
Hetzelsdorf
Blossersberg
VIECHTACH
3
Zinzenzell
5
Ichendorf
Konzell
Schönstein
Erpfenzell
Landorf
Kriseszell
Reichsdorf
Schlatzendorf
Denkzell
Gneißen
Höhenberg
Heilbrunn
Stallwang
Kollnburg
Wäscherszell
Schwemm
Redlmühl
Wiesenfelden
Haunkenzell
Klingldorf
6
Baierweg
Kirchaitnach
Pilgramsberg
Rattiszell
Elisabethszell
Haibach
Roßhaupten
Klinglbach
Eggerszell
Siegenfurt
Einweging
Riederszell
Allersdorf
Falkenfels
Haselbach
Landasberg
Geßmannszell
Sankt Englmar
Ascha
Mitterkogl
Glashütt
Notzing
Wenamühl
Saulburg
7
Mitterwachsenberg
8
Pillnach
Gschwendt
Uttendorf
Mitterfels
Neukirchen
Obermühlbach
Achslach
Untermiethnach
Aufroth
Ehren
Pondorf
Steinburg
Finkenschlag
Oberzeitldorn
Steinach
Münster
Kirchroth
10
Starzenberg
Perasdorf
1
Kinsach
2
Moos
Hunderdorf
Windberg
Meidendorf
Kößnach
9
Furth
Obere Oberauer Schleife
Parkstetten
Degernbach
Bernried
11
Bärndorf
Waltersdorf
Schwarzach
Donau
Reibersdorf
Frammelsberg
Lindforst
SOSSAU
BOGEN
Albertsried
HORNSTORF
Donau
UNTERÖBLING
Sand
Donau
Hermannsdorf
Penzenried
Aiterach
KAGERS
GSTÜTT
Niederwinkling
STRAUBING-OST
STRAUBING
ITTLING
Pfelling
Welchenberg
Aschenau

NÖRDLICH DER DONAU – DER WALD

Moos

DER DOPPELMORD VON MOOS

STEINACH

INFO:

Die Gebäude in Moos befinden sich in Privatbes tz; sie sind nicht mehr identisch mit denjenigen aus den 1950er Jahren.

Der Steinacher Gemeindeteil Moos besteht aus zwei Anwesen. Sie liegen direkt an der Helmbergerstraße, die in Richtung Parkstetten verläuft. Umgeben sind sie von Äckern, Wiesen und Waldstücken. Die zahlreichen Entwässerungsgräben und die künstlichen Teiche in ihrer Umgebung zeugen davon, dass die Gegend einmal feucht und moorig war. Im Winter war es hier unwirtlich.
So auch an jenem Mittwoch im Januar 1950, als ein Hausierer die unversperrte Haustür des südlicher gelegenen Anwesens – heute Moos 2 – öffnete und auf eine grauenvolle Szene blickte: Im Hausflur lag, entsetzlich zugerichtet, ein Mann tot in seinem Blut. Es war der Besitzer des Hauses, Georg Färber. Die rasch herbeigerufene Polizei stellte fest, dass der 59-Jährige durch mehrere Messerstiche in Hals und Brust sowie durch Pistolenschüsse in die Schläfe und die Herzgegend getötet worden war. Auf einem Kanapee in der Küche fanden die Beamten eine weitere Leiche, diejenige einer jungen Frau. Auch ihr war in die Brust geschossen worden, man hatte ihr zahlreiche Stich- und Schlagwunden beigebracht und ihr zuletzt die Kehle durchgeschnitten. Wie sich herausstellte, handelte es sich bei ihr um die siebzehn Jahre alte Ottilie Kienberger. Sie hatte Färber ein paar Wochen lang im Haushalt geholfen, weil seine Frau nach einem häuslichen Unfall im Krankenhaus lag.

Schnell wurde klar, dass es sich um einen Raubmord handelte. Zwar verriet das Haus mit dem eingebauten Stall und den drei niedrigen Zimmern auf den ersten Blick, dass hier keine Reichtümer zu holen waren, doch wussten die Täter offenbar, dass Färber wenige Tage zuvor ein paar Rinder verkauft und dafür fünf- oder sechshundert Mark erlöst hatte. Schränke, Truhen und Schubladen waren durchwühlt worden, es fehlten eine Brieftasche, eine silberne Taschenuhr, eine Flasche Wein, ein paar Kleidungsstücke und einige weitere Gegenstände. Die Brieftasche fanden Holzsammler noch am selben Nachmittag in der Nähe von Moos; sie enthielt lediglich ein Foto Färbers. Ein paar Tage später allerdings kam unter dem Färber'schen Schlafzimmerschrank eine Kunsthonigbüchse zum Vorschein, die 625 Mark enthielt. Die Räuber hatten das Versteck nicht gefunden, die mittlerweile aus dem Krankenhaus entlassene Frau Färber hatte es vergessen.

Die Polizei rekonstruierte das Geschehene folgendermaßen: In der Nacht von Sonntag auf Montag hatten die Täter versucht, die Haustür aufzubrechen. Färber, der in seinem Bett lag, hörte das Geräusch, stand auf und öffnete die Tür. Es kam zu einem kurzen Kampf, der Hausherr wurde schwer verletzt und anschließend ermordet. Die in der Küche schlafende Ottilie Kienberger wollte aufstehen, wurde aber mit einem Beil niedergeschlagen und bekam weitere tödliche Verletzungen beigebracht.

Den Ermittlungen der Polizei folgten keine Festnahmen, dafür machten Gerüchte die Runde. Färber und sein Nachbar Früchtl hatten nicht in gutem Einvernehmen gelebt, also wurde Früchtl verdächtigt. In der Gegend lebten Ausländer, auch ihnen traute man die Tat zu. Keine der Mutmaßungen hielt einer Überprüfung stand. Dass 3000 Mark Belohnung für sachdienliche Hinweise ausgesetzt wurden, half nicht weiter.

Doch dann – fast fünfzehn Jahre nach der Bluttat! – ging eine Meldung durch die Presse, die aufhorchen ließ: Kurz vor dem Weihnachtsfest des Jahres 1964 verhaftete die

Polizei drei Personen, zwei Männer und eine Frau, unter dem dringenden Verdacht, den Doppelmord von Moos begangen zu haben.
Der Kriminalinspektor Josef Sommer, seit einem Jahr Leiter der Kriminalaußenstelle Straubing, hatte wochenlang Zeugenaussagen studiert und Alibis überprüft. Er war auf die Aussage eines Zeugen gestoßen, der nicht lange nach der Tat in einem Wirtshaus zwei betrunkene Männer beobachtet hatte, die in Streit geraten waren und sich gegenseitig heftige Vorwürfe machten. Dabei sei, so der Zeuge, immer wieder das Wort „Moos" gefallen. Es gelang Sommer, die beiden Männer, den Metzger Ernst Stolz (59) und den Bauhelfer Josef Artmann (43), ausfindig zu machen. Bereits nach der Mordtat hatten Aussagen auf deren Täterschaft hingewiesen, doch war es ihnen gelungen, sich Alibis zu verschaffen. Zudem hatten mehrere Personen, die in der Lage gewesen wären, sachdienliche Hinweise zu geben, aus Angst vor den Tätern geschwiegen. Neben Stolz und Artmann wurde die zur Zeit der Tat noch nicht volljährige Arbeiterin Elisabeth Dengler (34) festgenommen. Stolz hatte damals ein Verhältnis mit ihr gehabt.
Im März 1966 begann der Prozess vor dem Regensburger Schwurgericht. Die drei Angeklagten leugneten hartnäckig. Doch sie verwickelten sich in Widersprüche und belasteten sich gegenseitig. Dengler, die gegenüber Inspektor Sommer ein Geständnis abgelegt hatte, widerrief dieses vor Gericht. Stolz trat großspurig auf. Er, der immer wieder wegen Diebstählen und Betrügereien, wegen unerlaubten Waffenbesitzes, Kindesmissbrauchs und einer Reihe weiterer Straftaten eingesperrt war, behauptete, als Hellseher, Heilpraktiker und Kartenleger viel Geld verdient zu haben und von den Frauen verehrt worden zu sein. In der Tat scheint es Stolz oft gelungen zu sein, Frauen zu manipulieren und für seine Zwecke einzuspannen. Elisabeth Dengler war eine dieser Frauen. Sie tat, was Stolz von ihr verlangte, und sie war es, die den ersten Schuss auf Georg Färber abgab. Das hatte sie neben anderen Einzelheiten der Tat einer Bekannten er-

zählt, und die hatte es – eineinhalb Jahrzehnte später – an Inspektor Sommer weitergegeben. Dazu kam, dass Stolz Zellengenossen Einzelheiten erzählt hatte, die nur einem Tatbeteiligten bekannt sein konnten. Gegenüber dem Gericht blieb er dreist. Als er nach dem Plädoyer der Verteidiger das letzte Wort hatte, beantragte er „Freispruch wegen erwiesener Unschuld und Haftentschädigung von täglich 20 DM für die unschuldig erlittene Untersuchungshaft". Artmann weinte, beteuerte „Ich war nicht dabei" und bat um Freispruch. Dengler schloss sich dem an, was ihr Verteidiger gesagt hatte. Der hatte vor allem auf ihre Milieuschäden und die Abhängigkeit von Stolz hingewiesen.
Das Urteil wurde im Straubinger Amtsgericht verkündet. Es lautete auf lebenslang Zuchthaus und die Aberkennung der bürgerlichen Ehrenrechte für Ernst Stolz und Josef Artmann. Elisabeth Dengler erhielt sieben Jahre Jugendstrafe, auf die die dreizehnmonatige Untersuchungshaft angerechnet wurde.
Der Gerichtssaal, in dem am 25. März 1966 um 16.00 Uhr die Urteilsverkündung stattfand, war zum Bersten voll, und trotz eines heftigen Schneetreibens drängten sich vor dem Gerichtsgebäude Hunderte von Menschen. Sie wollten die Gefangenen sehen, vor allem „sie", die Dengler.
Als das Auto mit der Verurteilten das Gerichtsgelände durch die Hinterausfahrt verließ, entging das der Menge nicht. Wildes Geschrei erhob sich, Fäuste trommelten auf das Autodach, der Volkszorn machte sich Luft …

FÖRSTERMORD IM BREIMBACHTAL

KIRCHROTH

Es gab Wilderer, die als Volkshelden verehrt wurden, und solche, die man allseits als Verbrecher einstufte. Zur letzteren Kategorie gehörte Johann Graßl aus Eidengrub bei Michelsneukirchen. Er hatte bereits einmal im Gefängnis gesessen, weil ihn der Revierförster Anton Werner beim Wildern erwischt und er daraufhin auf den Förster geschossen hatte. Die Gefängnisstrafe hielt ihn aber nicht von weiteren Wildfreveln ab. Schließlich kam es zu einer erneuten Konfrontation zwischen ihm und Werner, und diesmal endete sie tödlich.

Anton Werner wurde im Jahr 1839 zum Forstwart von Saulburg bestellt. Damit war er Beamter eines Fürstlichen Forstamts, bezog ein gesichertes Einkommen und durfte heiraten, was er denn im April 1841 auch tat.

Im Laufe desselben Jahres kam es in den Forstrevieren der Umgebung immer wieder zu Wilddiebstählen. Als Werner vernahm, dass auch in seinem Revier Schüsse gefallen waren, ging er in der Nacht des 21. Juli mit zwei Gehilfen auf Streife. Da ihnen nichts Verdächtiges begegnete, verabschiedeten sich die Männer im Morgengrauen, und jeder von ihnen machte sich auf den Heimweg. Werner ging entlang des Breimbachs in Richtung Obermiethnach. Da überkam ihn ein menschliches Bedürfnis. Er legte Gewehr und Rucksack ab, band seinen Jagdhund an und streifte die Hose ab, um seine Notdurft zu ver-

INFO:

Obermiethnach ist ein Gemeindeteil von Kirchroth. Einen knappen Kilometer nördlich des Dorfes gibt es einen Wanderparkplatz. Verlässt man ihn in nördlicher Richtung und biegt kurz darauf nach rechts ab, gelangt man ins Breimbachtal, ein hübsches, ruhiges Biotop. Nach einer gut drei Kilometer langen Wanderung entlang des Breimbachs biegt man an einer Gabelung nach rechts ab und passiert bald darauf drei – wegen ihres grünen Bewuchses schwer zu erkennende – etwas tiefer gelegene Weiher. Dort, oberhalb dieser Weiher,

richten. Just in dieser Situation näherten sich ihm auf der anderen Seite des Bachs Johann Graßl und zwei seiner Komplizen. Graßl trug zwei Gewehre, die anderen beiden eine erlegte Hirschkuh. Werner rief sie an, woraufhin Graßl unverzüglich eine seiner Waffen auf den Förster richtete. Der griff zu seiner doppellläufigen Flinte, schoss auf den Wilderer, verfehlte ihn aber aufgrund seiner ungünstigen Position. Auch Graßl traf nicht, stürzte sich nun aber mit gezogenem Messer auf seinen Gegner. Es kam zu einem Kampf, in dessen Verlauf der Wilderer dem Förster das Messer mehrmals in die Brust und in den Unterleib stieß und ihm weitere Wunden an Armen und Händen beibrachte.

Einer von Werners vorherigen Begleitern, der Forstgehilfe Meyer, hatte die Schüsse gehört und eilte zum Ort des Geschehens. Er sah, dass Graßl auf dem Förster kniete, legte auf ihn an und schoss. Graßl, obgleich verwundet, versuchte zu fliehen. Den Jagdhund, der sich losgemacht hatte und ihn anfiel, tötete er mit ein paar Messerstichen. Endlich gelang es Meyer, den Wilderer mit dem Gewehrkolben niederzuschlagen und zu fesseln. Schnell lud er den Zwilling des Försters und drückte ihn ihm in die Hand, für den Fall, dass die beiden geflohenen Freunde Graßls zurückkommen sollten. Dann rannte er nach Obermiethnach, um Hilfe zu holen.

fand der Kampf zwischen dem Förster und dem Wilderer statt. In Erinnerung an das Geschehen errichtete man hier das Jägermarterl. Weil es aber kaum je gesehen wurde, versetzte man es an einen Forstweg, der parallel zur St2148 verläuft. Damit steht es nun (nach einer Restaurierung im Jahr 2024) einen guten Kilometer nördlich des Tatorts, an einer Wegkreuzung östlich der Staatsstraße, etwa auf halber Strecke von Saulburg zum Wiesenfeldener Gemeindeteil Kälberhof.

Es war heller Tag, als man den schwerverletzten Forstwart auf einem Fuhrwerk ins Dorf brachte. Dort bemühten sich mehrere Ärzte um sein Leben, konnten ihn aber nicht retten. Anton Werner starb in der folgenden Nacht. Er wurde in Kirchroth beerdigt. Seine Witwe gebar keine acht Monate später einen Buben.

Johann Graßl wurde zu einer lebenslangen Kettenstrafe verurteilt. In der Festung des mittelfränkischen Marktes Lichtenau musste er Arbeitsdienst leisten; tags war er mit den Füßen an eine Eisenkugel gefesselt, nachts an seine Bettstatt gekettet. Nach drei Jahren starb er; er wurde vierzig Jahre alt.

DIE LOITZENDORFER FEUERKUGEL

LOITZENDORF

Es sind Kriegszeiten. Eine Familie sitzt um den Tisch in der guten Stube. Da fällt unvermittelt ein Bild von der Wand – und im selben Augenblick weiß die Mutter, dass ihr Sohn gefallen ist. Nicht lange danach erreicht sie ein Brief, der den Tod des jungen Soldaten bestätigt.

Geschichten dieser Art hat man mehrfach gehört. Die Zeiten, zu denen sie sich ereignet, und die Orte, an denen sie sich zugetragen haben, variieren, die Begleitumstände sind nicht jedes Mal die gleichen. Aber immer erzählen die Geschichten von Zeichen und von der Vorausahnung tragischer Ereignisse. Oft werden sie als Hirngespinste abgetan oder als zufälliges Zusammentreffen zweier Geschehnisse eingestuft. Aber erstaunlich viele von ihnen erscheinen ausgesprochen glaubwürdig. So auch jene, die aus der Umgebung von Loitzendorf berichtet wird.

Dort hat gegen Ende des Ersten Weltkriegs ein junger Mann, der Sohn des Kienberger-Bauern aus der Einöde Blüthensdorf, nordöstlich von Loitzendorf, einen Freund in Höhenstadl, einem Weiler nordwestlich des Ortes, besucht, um mit ihm zusammen Schreinerarbeiten zu verrichten. Gegen Abend machte er sich zu Fuß auf den Heimweg. Es dämmerte bereits, als er eine Stelle am Waldrand passierte, von der aus man freien Blick auf das etwas unterhalb gelegene Loitzendorf hat. Da nahm der Siebzehnjährige am Himmel eine feurige Kugel wahr, die rasch näher kam und dabei schnell größer wurde. Der Bursche war vor Angst wie gelähmt. Der Feuerball wurde langsamer, bewegte sich an ihm vorbei, auf das Dorf und dort wiederum auf das Obermeier-Haus zu. Schließlich stürzte er auf dessen Dach und verschwand darin.

Vor Angst zitternd kam der junge Kienberger daheim an. Wieder und wieder erzählte er, was er gesehen hatte. Die Ansicht, er bilde sich das alles ein, wies er ebenso vehement zurück wie die Vermutung, er sei betrunken. Schnell sprach sich das, was er – tatsächlich oder angeblich – erlebt hatte, herum. Darin, dass er weder ein Phantast noch ein Aufschneider war, dass er weder zum Lügen noch zum Trinken neigte, waren sich alle einig.

Tatsächlich erhielt die Familie Obermeier wenige Wochen später die Nachricht, dass der Sohn Sebastian gefallen sei – und zwar genau an dem Tag, an dem die Feuerkugel in ihr Haus gefahren war.

In Loitzendorf, vor allem bei der Familie Obermeier, die dort eine Bäckerei unterhält, erzählt man sich diese Geschichte, die schon die Urgroßmutter und der Urgroßvater kannten, heute noch. Und man glaubt sie.

INFO:

Verlässt man Loitzendorf auf der Bäckerstraße in Richtung Norden, so kommt man am Dorfrand an der Bäckerei Obermeier vorbei. Biegt man nach etwa 200 Metern nach rechts auf einen landwirtschaftlich genutzten Weg ab, so gelangt man nach wiederum wenigen Hundert Metern an den Rand eines Waldes, der an die Bundesstraße 20 grenzt. Man geht in diesen Wald hinein und erreicht bald eine Stelle, die freien Blick auf Loitzendorf gewährt – die einzige Stelle, die als Kienbergers Standpunkt in Frage kommt. Das Haus direkt unterhalb der Kirche ist das Obermeier-Haus, die heutige Bäckerei.

DER GALLNER – EIN MYSTISCHER BERG

KONZELL

Der Gallner erhebt sich 710 Meter hoch zwischen dem Kinsach- und dem Menachtal. Sein Aussehen ist nicht unbedingt spektakulär. Auf den ersten Blick würde man kaum vermuten, dass er große Geheimnisse birgt. Doch der Schein trügt.

Auf seinem Rücken, ein paar Hundert Meter vom Gipfelkreuz entfernt, liegt die Einöde Gallner mit einer alten, dem heiligen Sixtus geweihten Kirche. Der Legende zufolge soll im 15. Jahrhundert dort oben ein Bub namens Sixtus Schafe gehütet haben. Später habe dieser Bub in Rom Theologie studiert, und im Jahr 1471 sei er zum Papst gewählt worden. Als Sixtus IV. habe er dreizehn Jahre lang als Oberhaupt der katholischen Kirche fungiert. Allerdings: Papst Sixtus IV. war in der Gegend von Genua geboren, ist in Rom gestorben, und dass er jemals nach Niederbayern kam, kann getrost ausgeschlossen werden. Außerdem war sein eigentlicher Vorname Francesco. In die Reihe der Heiligen aufgenommen wurde er nie – im Gegensatz zu Papst Sixtus II. Der starb im 3. Jahrhundert als Märtyrer und ist der tatsächliche Patron des so genannten Gallnerkircherls. Das genaue Alter dieses Bauwerks ist unbekannt, aber es wird bereits in einer Oberaltaicher Klosterurkunde erwähnt, mit der mehrere italienische Bischöfe „der Kapelle Goldner einen Ablass für den Besuch an bestimmten Kirchenfesten" verleihen.

INFO:

Wenn man das Gallnerkircherl von innen besichtigen möchte, muss man den Schlüssel bei der Familie Urban im angrenzenden Hof erbitten.

Die Burg Höhenstein erreicht man, indem man von der Einöde Gallner in Richtung Norden fährt und in Forsting bei einem Trafohäuschen nach links abbiegt. Nach einem knappen halben Kilometer zeigt ein Schild die Stelle an, von der aus man den Rest der Strecke zu Fuß zurückzulegen hat.

Die Urkunde wurde 1490 in Rom ausgestellt, zur Zeit von Papst Innozenz VIII., dem Nachfolger von Sixtus IV. Immerhin also wusste man damals im Rom, dass auf dem „Goldner" – so der alte Name des Gallners – eine Sixtus-Kirche steht, und man nahm wohl an, es handele sich bei ihrem Patron um Innozenz' Vorgänger.
Ein Wirrwarr, das nicht durchsichtiger wird, wenn man weiß, dass der heilige Sixtus, der tatsächliche Kirchenpatron, in seinen Jugendtagen ebenfalls Hirte war. Er habe, so heißt es, Zuchtstiere gehütet. Einen jungen Zuchtstier nannte man dereinst einen Gall, und von diesem Wort leitet sich der Name „Gallner" ab.
Das Gallnerkircherl hat neben Sixtus noch eine Patronin, die heilige Barbara. Möglicherweise hat man ihr die Ehre erwiesen, weil sie unter anderem die Nothelferin bei Blitzgefahr ist: Die Gewitter, die in der Umgebung des Gallner auftreten, sind von alters her gefürchtet.

Dazu gibt es eine Geschichte: Im Gallnerkircherl hingen einst zwei Glocken. Die ältere davon, 1494 gegossen, wurde geläutet, wenn ein Gewitter aufzog. Ihr Geläut soll so wirksam gewesen sein, dass es sämtliche Unwetter nach Böhmen hinüber ablenkte. Das wollten die Böhmen irgendwann nicht mehr hinnehmen. Sie reisten herbei, hängten die Glocke ab und luden sie auf ein Fuhrwerk, um sie mit heim zu nehmen. Doch sie kamen nicht weit: In der Nähe der Burg Höhenstein, keinen Kilometer vom Gallnerkircherl entfernt, versanken sie samt Glocke, Wagen und Rössern in einer sumpfigen Wiese. Dort, so sagt der Volksmund, liegen sie noch heute.

In Wahrheit wurden die gefürchteten Gewitter nicht von der Glocke, sondern vom Berg abgelenkt. Lenkt er sie einmal nicht ab, dann brauen sich über seinem Gipfel schwarze Wolken zusammen, und die Bauern der Umgebung runzeln besorgt die Stirn.

Vielleicht haben diese Gewitter schon in weit früheren Epochen zur Bildung von Mythen geführt. Dass man vom Gallnergipfel eine grandiose Weitsicht sowie freien Blick zum Bogenberg im Süden und zum Pilgramsberg im Südwesten hat, war ausschlaggebend dafür, dass er bereits in vorchristlicher Zeit als heiliger Ort galt. Insbesondere der Pilgramsberg dürfte in einem engen kultischen Zusammenhang zum Gallner gestanden haben. Der Sage nach waren die Hänge der beiden Berge einst von einem Riesengeschlecht bewohnt. Als sich die Riesen diesseits und jenseits der Kinsach je eine Burg bauen wollten, aber nur einen Hammer hatten, warfen sie sich den immer wieder über das Kinsachtal hinweg zu. Eine plausible Erklärung für die Entstehung dieser Sage: Die Hammerwerfer vom Kinsachtal waren ursprünglich Götter, so wie der germanische Thor, bei dem es blitzte und donnerte, wenn er seinen Hammer Mjölnir warf. Man hat ihnen auf den beiden Gipfeln gehuldigt. Als der Glaube an diese Götter schwand, schrumpften sie zu Riesen.

Etwa 800 Meter nördlich des Gallnerkircherls verbirgt sich im Wald die Ruine der bereits erwähnten **Burg Höhenstein**.

Im Gegensatz zur Kirche und zum Gipfel des Berges, die im Gemeindegebiet von Konzell liegen, gehört sie zu Stallwang. Soweit bekannt, wurde die Burg im 12. Jahrhundert erbaut. Vermutlich haben die hier ansässigen Edelleute im Auftrag der Grafen von Bogen den Handelsweg, der durch das Kinsachtal hinauf bis nach Böhmen führte, überwacht.
Erhalten sind nur noch die Reste eines Wohnturms und – vielleicht – unterirdische Gänge, die zu anderen Burgen führen. Zur nicht mehr vorhandenen Burg Ried etwa, nördlich von Stallwang. Oder zum Schloss Haunkenzell. Oder nach Waldeck bei Landorf. Zu Beginn des 20. Jahrhunderts glaubten ein paar Einheimische, am nordwestlichen Eck der Ruine den Zugang zu einem dieser Tunnel gefunden zu haben. Sie stiegen hinab, beseitigen Geröll – und kamen doch nur ein paar Meter weit. Vielleicht befanden sie sich im Einstieg zu einem Keller. Eine einzige der Geheimgang-Theorien ist halbwegs realistisch, nämlich die, dass von der Burg Höhenstein ein Gang zum Gallnerkircherl verlief. Das Bauwerk könnte ursprünglich als Wehranlage gedient haben, sein Turm als Fluchtturm.
Wo es Burgruinen und unterirdische Gänge gibt, dort gibt es auch geheimnisvolle Wesen, die sie bevölkern. Noch bis in die Mitte des vorigen Jahrhunderts erzählte man sich in der Umgebung Geschichten von Geistern, die in der Dämmerung um die Ruine reiten, von Lichtern, die nachts im Gallnerwald aufflackern, von Vögeln, deren Pfeifen Menschen tötet, und von Stimmen, die Unheil verkünden.
Und bis auf den heutigen Tag gibt es Menschen, die überzeugt davon sind, dass der spätere Papst Sixtus als junger Hirte in der Gegend des Gallner-Gipfels mit einem Hammer Zeichen in einen Felsen geschlagen hat. Ein paar Ältere behaupten sogar, sie hätten sie in ihrer Kindheit noch gesehen, aber später sei der Felsen samt Zeichen wohl dem Straßenbau zum Opfer gefallen. Andere schwören Stein und Bein, dass der Brocken nach wie vor irgendwo liegt.
Vielleicht haben sie Recht. Der Gallner birgt manches Geheimnis. Er ist ein mystischer Berg.

TATORT SCHULHAUS

KONZELL

Der Kirchplatz in der Dorfmitte von Konzell ist ein ruhiger Ort. Umgeben ist er vom Pfarrhaus, dem Bürgerzentrum, der Schule sowie von ein paar kommerziell genutzten Gebäuden, überragt wird er von der Pfarrkirche Sankt Martin. Der Autoverkehr ist ebenso überschaubar wie das Fußgängeraufkommen. Nichts erinnert daran, dass diese fast idyllische Szene einmal die Kulisse für ein Kapitalverbrechen bot.

Das Leben der 850 Einwohner, die Konzell im Jahr 1844 hatte, ging einen geruhsamen, eher einförmigen Gang – bis ein brutaler Mord den Ort aus seiner friedvollen Routine riss. Es war der 11. November, der Sankt-Martins-Tag. Auf dem Kirchplatz hatte man Marktstände aufgebaut, dort kaufte man nach dem Hochamt ein. Oder man ging ins Wirtshaus, zum Beispiel dasjenige der Brauerei Klett, drunten an der Durchgangsstraße von Mitterfels nach Kötzting. Da riss am frühen Abend eine schockierende Nachricht alle aus ihrer Feierlaune: Maria Hahn, die junge, schwangere Ehefrau des Dorfschullehrers Dominikus Hahn, war erdrosselt in ihrer Wohnung im Schulhaus aufgefunden worden. Ihr Mann erhielt die schreckliche Nachricht in der Gaststube des Wirtshauses Klett, wo bis dahin Hochstimmung geherrscht hatte. Daheim fand er seine tote Gattin inmitten aufgebrochener Truhen und Schränke, deren Inhalt in der ganzen Wohnung verstreut lag. Ein Raubmord.

INFO:

Die damalige Schule befand sich auf demselben Grundstück wie die heutige, zu ihr gehörte ferner das östlich daran angrenzende Grundstück.

Ein Raubmord? In Konzell wird gewiss von Anfang an gemunkelt worden sein, dass es auch ganz anders gewesen sein könnte. Denn jeder wusste, dass Dominikus und Maria Hahn nicht im besten Einvernehmen miteinander lebten. Er hatte die 25 Jahre alte und mit einem ansehnlichen Heiratsgut ausgestattete Wirtstochter aus Cham erst im August des Vorjahres geheiratet. Die Eheschließung hatte ihn indes nicht veranlasst, das Verhältnis zu seiner Cousine Magdalena Hahn, die ihm den Haushalt führte, aufzugeben. Die war – dem Bericht eines Mitterfelser Landrichters zufolge – „frech, ausgelassen, und widerspenstig gegen die Frau; der Mann aber hielt zu ihr, so, dass es zwischen ihr und der Lehrerin bald zu Verdrießlichkeiten kam. Die Letztere wollte die Magd aus dem Hause fortschaffen, was aber ihr Ehemann nicht zugab.“ Offenbar war er ihr vollkommen hörig. Wieder und wieder machten die beiden den Kirchturm zu ihrem Liebesnest, und das blieb der Öffentlichkeit nicht verborgen. Auch der Pfarrer Michael Lienhard, als Lokalschulinspektor der Vorgesetzte von Dominikus Hahn, erfuhr von dem verwerflichen Treiben des Lehrers und drohte ihm mit der Entfernung aus dem Schuldienst, für den Fall, dass er seinen Lebenswandel nicht ändere. Er ging sogar so weit, von der Kanzel herab gegen das sündige Treiben im Ort zu wettern. Zwar nannte er keine Namen, aber die Kirchengemeinde wusste genau, wem die Strafpredigt galt. Doch Pfarrer Lienhard erkrankte, sein körperlicher Verfall schritt schnell voran, im Oktober 1844 starb er.

Gelöst waren Dominikus Hahns Probleme damit nicht. Er wollte unter keinen Umständen von Magdalena lassen, gleichzeitig gefährdete das ehebrecherische Verhältnis zu ihr seine berufliche Zukunft. So fasste er schließlich den Plan, seine Gattin zu beseitigen. Ausführen sollte diesen Plan zunächst die

Das Grab der Maria Hahn auf dem Konzeller Friedhof ist aufgelöst worden. Besuchen allerdings kann man ein Marterl, das zu ihrem Gedenken errichtet wurde. Man erreicht es, wenn man hinter dem Gallnerkircherl in den Wald hineingeht und dem Wanderweg 6 ein paar Hundert Meter weit folgt. Es steht am Rande einer eher obskuren Ansammlung von Hütten, Brunnen und Skulpturen, die man vielleicht als private Kultstätte bezeichnen könnte.

Magd: Sie setzte Maria Hahn mehrfach Speisen vor, in die sie Gift gemischt hatte. Der Mordversuch schlug fehl, weil sich die Schwangere jedes Mal sogleich erbrach. So verfiel das Pärchen auf die Idee, den Mord von einem Dritten verüben zu lassen, und die beiden wussten auch sogleich jemanden, der dafür in Frage kam: Magdalenas Bruder Egid. Egid hatte bei Dominikus' Vater als Knecht gearbeitet und dem alten Mann kurz vor dessen Tod 800 Gulden gestohlen. 300 hatte er ausgegeben, um sich vom Militärdienst freizukaufen, dann hatte ihn sein schlechtes Gewissen bewogen, dem rechtmäßigen Erben, Dominikus Hahn, den Diebstahl zu gestehen. Hahn zeigte sich großzügig und verzichtete auf die Rückzahlung des Geldes. Es genügte ihm, dass sein Cousin fortan in seiner Schuld stand und ihm ergeben war.

Magdalena und Dominikus trugen dem 26 Jahre alten Knecht ihr mörderisches Ansinnen vor. Erdrosseln sollte er Maria Hahn. Egid lehnte rundweg ab – anfangs. Doch die beiden ließen nicht locker. Der Lehrer erinnerte den jungen Mann daran, dass er ihm auf immer zur Dankbarkeit verpflichtet sei. Er versprach ihm eine stattliche Belohnung, wenn er sich zu der Tat bereit finde. Und er ließ nicht unerwähnt, dass er ihn nach wie vor wegen seines Diebstahls anzeigen könne und er dann unweigerlich im Zuchthaus lande. Egid wurde weich.

An dem Tag, für den der Mord geplant war, versteckte Magdalena ihren Bruder im Keller des Schulhauses, gab ihm einen Strick und wies ihn an, nach vollbrachter Tat für die Unordnung zu sorgen, aus der die Polizei auf einen Raubmord schließen musste. Dann verließ sie, ebenso wie ihr Geliebter, das Haus. Als sie jedoch abends zurückkamen, saß Maria Hahn strickend im Wohnzimmer. Nichts war geschehen. Egid hatte kalte Füße bekommen und war geflohen.

Die beiden verstärkten ihre Drohungen gegen Egid, und der willigte schließlich ein weiteres Mal ein. Aber Dominikus Hahn schien nun Zweifel an der Standfestigkeit seines Cousins zu hegen, und so unternahm er selbst einen Mordversuch: Mit dem Schuldienst war zu jener Zeit u. a. das Amt

des Mesners verbunden, und der Mesner war für das Läuten der Kirchenglocken zuständig. Diese Aufgabe hatte Hahn seiner Frau übertragen. Als sie die Glocken zum Allerheiligenläuten in Gang setzen wollte, begleitete er sie hinauf in den Kirchturm, und als sie eines der oberen Stockwerke erreicht hatten, versuchte er, sie ins Treppenhaus hinabzustoßen. Das jedenfalls erzählte die Lehrersfrau einige Tage vor ihrem Tod einer Nachbarin. Es hätte wie ein Unfall ausgesehen, aber Maria Hahn stürzte nicht in die Tiefe.
Egid versprach, die Lehrersgattin am Martinitag umzubringen – und diesmal schritt er wirklich zur Tat. Mit dem Strick, den ihm seine Schwester gegeben hatte, erdrosselte er die Frau, anschließend warf er, um einen Raubmord vorzutäuschen, im Haus alles durcheinander. Dann machte er sich davon, ins Wirtshaus von Menach.
In der Klett'schen Gaststube ging es derweil hoch her. Der Lehrer Hahn war mit dem 24 Jahre alten Schulgehilfen Martin Lohr gekommen, und der war bekannt dafür, dass er ein großes Repertoire an Liedern hatte, die er auf der Gitarre begleitete. Man forderte ihn auf, zu singen und zu spielen. Martin ließ sich nicht lange bitten, doch seine Gitarre befand sich im Schulhaus. Also lief er dorthin, um sie zu holen. Weil er aber vergessen hatte, den Hausschlüssel mitzunehmen, und weil die Hausfrau auf sein Klingeln hin nicht öffnete, stieg er durch ein offenes Fenster im Erdgeschoss ein. Er ging in sein Zimmer, nahm die Gitarre und verließ das Haus auf demselben Weg, den er gekommen war. Freudig empfing man ihn im Wirtshaus, bei seinen Liedern sang man kräftig mit, das Bier floss in Strömen.
Die Dirn Magdalena Hahn saß derweil zusammen mit einer Reihe anderer im Haus einer Bekannten zusammen. Es wurden Geschichten erzählt, Erfahrungen ausgetauscht und vielleicht auch schlecht über gemeinsame Bekannte geredet. Als die Uhr sieben schlug, verließ Magdalena die Runde und ging ins Schulhaus. Dort stellte sie fest, dass ihr Bruder seinen Auftrag diesmal erfüllt hatte. Schreiend lief sie daraufhin zu den Nachbarn und unterrichtete sie von

der grausamen Tat. Jemand trug die Nachricht weiter in die Klett'sche Gaststube, Dominikus Hahn eilte heim und fand seine Frau mit heraushängender Zunge und einem Strick um den Hals, auf dem Boden liegend, vor.
Die Polizei begann unverzüglich zu ermitteln. Mehr, als dass alle Bewohner des Schulhauses ein Alibi hatten, brachte sie nicht in Erfahrung. Am nächsten Tag jedoch bemerkte man das Loch im Alibi des Schulgehilfen Lohr, der ja ungefähr zur Tatzeit im Schulhaus gewesen war. Er wurde festgenommen, ins Mitterfelser Gefängnis gebracht und dort peinlich verhört.
Zwei Tage nach ihrer Ermordung fand die Beisetzung Maria Hahns auf dem Konzeller Friedhof statt. Unter den Trauergästen war auch Egid Hahn. Mehr als einem Anwesenden, unter anderem einem Polizisten, fiel seine ostentativ zur Schau getragene, schier verzweifelte Trauer auf. Überhaupt hatte der Gendarm bemerkt, dass sich Egid seit zwei Tagen merkwürdig verhielt. Er nahm ihn mit, verhörte ihn und unterzog ihn einer Leibesvisitation. Dabei kam eine silberne Uhr zum Vorschein – diejenige, die von Dominik Hahn als gestohlen gemeldet worden war. Weil ihn das unter den Verdacht der Mittäterschaft stellte, steckte man nun auch Egid ins Gefängnis. Es dauerte nicht lange, bis er seine Tat gestand, und er verschwieg auch nicht, dass ihn Dominik Hahn mit dem einige Jahre zurückliegenden Diebstahl er-

presst hatte. Die weiteren Schritte erfolgten schnell: Innerhalb weniger Stunden wurden auch der Lehrer und die Magd verhaftet. Die Urteilsfindung dagegen zog sich über mehr als zwei Jahre hin. Unter anderem beschäftigte die Ermittler eine Vermutung des Perasdorfer Pfarrers Lucas. Der hielt es für möglich, dass sein Amtskollege Lienhard vergiftet worden war. Man grub den Leichnam aus, obduzierte ihn und stellte tatsächlich eine hohe Bleisäurekonzentration fest. Offenkundig hatte jemand das Gift über längere Zeit hinweg in den Messwein des Geistlichen gemischt. Weil Dominikus Hahn die Täterschaft nicht eindeutig nachgewiesen werden konnte, wurde er im späteren Mordprozess in dieser Sache freigesprochen.

Anders verhielt es sich in Bezug auf den Mord an Maria Hahn. Das Urteil des Königlichen Appellationsgerichts für Niederbayern vom 3. Februar des Jahres 1847 lautete:

„Wegen Verbrechens des qualifizierten Mordes … als schuldig befunden und zur Todesstrafe verurteilt werden:

Egid Hahn als Vollbringer […]

Dominik Hahn als mittelbarer Urheber durch Auftrag und ausdrücklichen Rath […]

Magdalena Hahn dagegen als Miturheberin durch Complott […] wegen Verbindung mit ihrem Vetter Dominik Hahn."

Dem eingereichten Gnadengesuch kam König Ludwig I. nur bedingt nach. Es hieß:

„Wir haben keinen Grund gefunden, die […] Todesstrafe [für Dominik Hahn] aus allerhöchster Gnade zu mildern. Dagegen haben wir uns bewogen gefunden, die der Magdalena Hahn … und dem Egid Hahn […] zuerkannte einfache Todesstrafe allergnädigst in Erleidung der Kettenstrafe […] zu mildern."

Egid Hahn verbüßte seine Kerkerstrafe in einem Münchner Zuchthaus, wo er nach mehr als vierzig Jahren starb.

Das Leben von Magdalena Hahn endete nach 36 Jahren Kettenstrafe im Zuchthaus von Würzburg.

Dominikus Hahn wurde am Freitag, den 13. August, in Mitterfels mit dem Schwert hingerichtet.

DAS SCHWEDENKREUZ

KONZELL

Fährt man auf der Staatsstraße 2140 von Konzell in Richtung Süden, so passiert man kurz vor der Haibacher Gemeindegrenze zwei hoch gewachsene Scheinzypressen. Sie stehen auf der rechten Straßenseite, und unter ihnen verbirgt sich ein steinernes Kreuz. Es kam vor vielen Jahren beim Pflügen eines Ackers zum Vorschein. Später wurde bei Schneeräumarbeiten ein Schaft abgebrochen; man hat ihn mit Zement wieder angefügt. Einen Schaden am linken Kreuzbalken hat man auf ähnliche Weise repariert.

Das Kreuz wirft Fragen auf, die sich auch bei genauester Betrachtung nicht beantworten lassen. Auf seiner Vorder- wie auf seiner Hinterseite sind die Umrisse einer menschlichen Gestalt erkennbar, bei der es sich um den gekreuzigten Jesus handeln dürfte. Gesichert allerdings ist das nicht. Der Verfasser des im Jahr 1956 erschienenen Buches „Das gute Jahr im Bayerischen Wald“, Gerhard Lange, meint zum Beispiel: „Das Steinkreuz … am Fuße des altheiligen Gallner-Berges ist seit Urzeiten Sinnbild der immer wieder aufgehenden Sonne. Dieser steinerne Sonnenbaum mit der Kreuzblüte, die schon in ältesten Zeiten das Zeichen für die Gestirne ist, die am Himmelsbaume blühen, lässt, wenn die Sonne am höchsten steht, den in das Steinkreuz eingemeißelten Sonnenhelden sichtbar werden, der weit die Arme breitet, als Sinnbild der Sonnenstrahlen, die rings die Erde segnen.“ Diese Theorie erscheint eher

INFO:

Das Kreuz unter der Baumgruppe, knapp hundert Meter hinter der Abzweigung nach Sicklasberg, ist im Vorüberfahren kaum erkennbar. Um es genau betrachten zu können, muss man an geeigneter Stelle anhalten und ein kleines Stück zu Fuß gehen.

abwegig, restlos zu widerlegen ist sie indes kaum, denn es fehlt jeder Hinweis auf die Bedeutung des Kreuzes, der fortgeschrittene Grad der Verwitterung macht zuverlässige Rückschlüsse unmöglich, und dass das Kreuz aus Granit gemeißelt ist, schließt eine Datierung, wie sie bei organischem Material vorgenommen werden kann, aus.

Die lokale Bevölkerung spricht von einem „Schwedenkreuz". Angeblich hat man solche Kreuze dort aufgestellt, wo im Dreißigjährigen Krieg gefallene Soldaten beerdigt

wurden. Da die Schweden Ende des Jahres 1633 auch die Gegend um Konzell und Haibach heimsuchten, ist ein solcher Ursprung nicht auszuschließen. Wahrscheinlicher ist allerdings, dass es sich um ein so genanntes Sühnekreuz handelt.

Vom frühen 14. Jahrhundert an war es üblich, dass jemand, der einen anderen im Streit oder fahrlässig getötet hatte, am Ort der Tat zur Sühne ein steinernes Kreuz aufstellte. Damit war zumindest ein Teil des Sühnevertrages erfüllt, den zwei verfeindete Parteien schlossen, um eine Blutfehde zu beenden. Inschriften finden sich auf den Kreuzen so gut wie nie, in seltenen Fällen sind Jahreszahlen eingemeißelt. Der Brauch, Sühnekreuze aufzustellen, endete, als Kaiser Karl V. im Jahr 1533 private Sühneverträge untersagte und stattdessen ordentliche Gerichte zu urteilen hatten. In Deutschland sind rund 4000 Sühnekreuze bekannt, die meisten ähneln dem Steinkreuz an der St2140. Allerdings: Als das Kreuz aus dem Boden gehoben wurde, kamen mehrere Hufeisen zum Vorschein. Derlei ist von anderen Kreuzen dieser Art nicht bekannt und lässt an der Theorie vom Sühnekreuz zweifeln. Aber auch wenn es sich um ein solches handelt: Die Geschichte, die Tragödie, die Bluttat, die zu seiner Aufstellung geführt hat, werden wir nie erfahren.

AM TOTENBERG

KONZELL

Südlich des Konzeller Ortsteils Gossersdorf liegt ein bewaldetes Flurstück, das auf alten Karten die Bezeichnungen „Totenberg“ oder „Am toten Berg“ trägt. Darüber, woher dieser Name kommt, kann man nur Mutmaßungen anstellen. Es gibt keine konkreten Hinweise darauf, dass dieser Fleck Erde jemals eine historische oder kultische Bedeutung hatte. Auszuschließen ist das aber nicht, ja, bei einem Gang durch den Wald am Totenberg drängt sich der Gedanke, dass er in ferner Vergangenheit einmal Schauplatz von Ritualen und Zeremonien war, fast auf.

Es hat Völker gegeben – etwa die Kelten –, die weder Tempel noch sonstige baulich herausragende Kultstätten hinterlassen, sondern ihre Götter in Hainen, auf Bergen, an Quellen oder anderen von der Natur mit irgendwelchen Besonderheiten ausgestatteten Stellen verehrt haben. Und Besonderheiten gibt es in dem Wald bei Gossersdorf zuhauf. Sie bestehen aus unbehauenen Felsen mit außergewöhnlichen Formen. Allerdings bedarf es eines gewissen Maßes an Fantasie, um die Besonderheiten, das Außergewöhnliche, zu erkennen.

Da ist unter anderem ein mehr oder weniger aufrecht am Hang stehender Gesteinsbrocken, der auf der Bergseite von einem kleineren Felsen dergestalt gestützt wird, dass unter den beiden Steinen ein Hohlraum entsteht. Solche Formationen werden oder wurden in manchen Kulturen im Rahmen von

INFO:

Verlässt man Gossersdorf auf der Buchstauden und wendet sich nach den letzten Häusern nach rechts, in den Wald hinein, befindet man sich am Totenberg. Kehrt man in einem weiten Halbkreis und mit offenen Augen nach Gossersdorf zurück, so bleiben einem die bemerkenswerten Felsen nicht verborgen.

Initiationsriten genutzt: Knaben krochen auf der einen Seite in den Durchschlupf hinein, zwängten sich durch ihn hindurch und kamen auf der anderen Seite als Männer heraus. Mit anderen Worten: Sie traten auf rituelle Weise in eine neue Lebensphase ein.
In anderen der zahlreichen Gesteinsformationen am Totenberg kann man menschliche Schädel sehen. Oder Tiere.

Oder Gesichter. Oder Wesen, die man ganz nach eigenem Gutdünken interpretieren kann. Ob sie jemals zuvor auf eine ähnliche Weise interpretiert worden sind, steht in den Sternen. Aber niemand kann sagen, dass das, was der jeweilige Betrachter sieht, falsch ist. Eher wirft jede Interpretation ein Schlaglicht auf die Seele desjenigen, der sie vernimmt.

DER TEUFELSSTEIN

RATTENBERG

Der Teufelsstein, auch Teufelsmühle genannt, ist eine eigenartige und imposante Felsformation. Man kann sich gut vorstellen, dass ein Wanderer, der durch den Wald geht und plötzlich vor ihr steht, vor ihrer Wucht erschrickt. Es ist deshalb kaum verwunderlich, dass sich mehrere Sagen um sie ranken. Eine davon erzählt, dass vor langer Zeit an der Stelle, an der nunmehr die Teufelsmühle zu sehen ist, tatsächlich eine Mühle stand. Sie war alt und klapprig; der Müller war ein bettelarmer Mann. Eines Tages aber erschien bei ihm der Teufel und bot ihm einen Handel an: Wenn er ihm seine Seele verschreibe, versprach der Böse, dann mache er ihn reich und verschaffe ihm eine neue Mühle. Der Müller willigte ein. Er bekam die neue Mühle und verdiente viel Geld damit. Von dem aber, was er verdiente, musste er jede Woche ein Goldstück in einen Stiefel werfen. Wenn der Stiefel voll sei, so sah es der Handel vor, dürfe ihn sich der Teufel samt dem Müller holen.

Der Müller hielt sich an die Abmachung. Allerdings benutzte er einen Stiefel, der ein großes Loch in der Sohle hatte, so dass die Goldstücke immer gleich wieder herausfielen. So oft der Teufel auch nachschaute – der Stiefel füllte sich nicht. Endlich durchschaute er die List – und geriet außer sich vor Zorn. Ehe er in die Hölle zurückfuhr, warf er riesige Felsbrocken auf die Mühle. Sie liegen noch jetzt dort, wo einst die Mühle stand.

INFO:

Der Teufelsfelsen liegt in einem Wald zwischen den Rattenberger Gemeindeteilen Oberstein und Friedenstadl am Wanderweg 2. Der kürzeste Zugang ist derjenige von Oberstein aus; auf ihm erreicht man den Felsen in ca. 15 Minuten.

Man muss dieser Sage nicht glauben, um von dem riesigen Gebilde aus Granit beeindruckt zu sein. Es heißt, in ihm seien noch die Abdrücke von den Klauen und Ellbogen des Teufels zu sehen. In der Tat kann man mit ein wenig Vorstellungsvermögen noch sehr viel mehr darin sehen. Die Teufelsfigur, die im Jahr 2011 dort angebracht wurde, um eine frühere, stark verblasste Malerei zu ersetzen, trägt nicht unbedingt dazu bei, die Fantasie zu beflügeln.

DIE BURGRUINE

HAIBACH

Auf dem Hofberg am südlichen Rand der Gemeinde Haibach thront die Ruine einer Burg; sie ist das Wahrzeichen des Ortes. Wie der dreigeschossige Ziegelbau – eher ein Herrenhaus als eine trutzige Festung – dereinst aussah, lässt sich kaum mehr erahnen, ungeachtet dessen bietet er bis auf den heutigen Tag ein eindrucksvolles Bild.
Das Bauwerk hat eine lange Reihe von Zerstörungen, Wiederaufbauten und Besitzerwechseln erlebt. Im 17. Jahrhundert ging es in den Besitz der Reichsedlen von Ossing zu Haibach über. Vor allem der Letzte dieses Geschlechts, Gundekar Ossinger, machte von sich reden. Er sei, so berichtet die Legende, ein äußerst grausamer Mensch gewesen und habe seine Untertanen auf jede nur erdenkliche Weise schikaniert und unterdrückt. Jene seiner Hörigen, die den Zehent nicht auf den Tag genau entrichteten, habe er erbarmungslos einkerkern lassen. Wer dabei erwischt wurde, dass er dem Herrn das Wild wegschoss, den band man an das Geweih eines Hirschen und trieb diesen durch Gestrüpp und Dickicht, bis dem Frevler das Fleisch in Fetzen vom Leib hing. Wer sich beim Schwarzfischen ertappen ließ, wurde in einen Sack eingenäht und in den Schlossweiher geworfen.
Schließlich aber musste der alte Unhold für seine Grausamkeiten büßen. Schweres Siechtum befiel ihn, über Jahre hinweg war er zur Schlaflosigkeit verdammt und an den Lehnstuhl gefesselt. Schließlich, im Jahr 1797, erlöste ihn der Tod.

INFO:

Die Haibacher Burg ist jederzeit frei zugänglich. Allerdings ist der unmittelbare Zutritt in den Jahren 2024 und 2025 wegen dort stattfindender Sanierungsarbeiten nicht möglich. Um das Heimatmuseum zu besichtigen, das im ehemaligen Stallgebäude eingerichtet wurde, ist eine Terminvereinbarung mit Franz Rainer (Tel. 09961 224436 o. 0172 2429205) nötig.

Dem Brauch gemäß richtete man ihm in der Haibacher Dorfkirche eine letzte Ruhestätte her. Ein paar Knechte, so heißt es, trugen den Sarg mit der Leiche zu Tal, mussten ihn jedoch unterwegs einmal abstellen, um zu verschnaufen. Da vernahmen sie ein Stöhnen und Ächzen in der Luft, und

obwohl kein Wind ging, schüttelten die Bäume ringsum ihre Äste. In panischer Angst flohen die Männer und kamen erst zurück, als der Spuk vorüber war. Als sie den Sarg wieder auf ihre Schultern hoben, merkten sie, dass er sehr viel leichter geworden war. Sie öffneten ihn – und fanden ihn leer. Der Teufel hatte Gundekar Ossinger geholt.

Das fürstliche Haus blieb unbewohnt und begann zu zerfallen. Bald pfiff der Wind durch seine Fenster, Türen und Mauerritzen, die Bewohner der umliegenden Dörfer und Weiler nutzten es als Steinbruch, der Dachstuhl stürzte ein. Die Witterung sowie die Wurzeln von Bäumen und anderen Pflanzen taten ein Übriges. Endlich, in den 1980er Jahren, gründete sich ein Verein zur Erhaltung der Burgruine. Gegen Ende des Jahres 1991 war die Sanierung des einst noblen Wohnsitzes abgeschlossen. Sie verhindert nicht, dass sich das Gemäuer einmal im Jahr belebt. Nämlich gibt der Teufel Gundekar Ossinger immer, wenn sich seine Höllenfahrt jährt, eine Nacht lang frei. Dann spukt es in der Burgruine. Man hört ein Heulen, Wimmern und Klagen, das erst beim Morgengrauen endet.

Es scheint, als kratze der Alte weiterhin bei jeder sich bietenden Gelegenheit am Mauerwerk. Der Mörtel, den man bei der Restaurierung verwendet hatte, ist bereits wieder brüchig geworden.

VERSCHWUNDEN UND WIEDERENTDECKT: **DER ELISABETHSZELLER BIERKELLER**

HAIBACH

Elisabethszell ist ein Ortsteil der Gemeinde Haibach und wird jedes Jahr von Tausenden von Touristen besucht. Eine der Sehenswürdigkeiten, die der Ort zu bieten hat, ist ein Bierkeller. Die wenigsten Besucher allerdings kennen seine Geschichte, und sogar Experten können nur Vermutungen darüber anstellen, wann er gebaut wurde. Tatsache ist, dass Elisabethszell bereits im Jahr 1356 eine Lizenz zum Bierbrauen besaß. Damals verfügte der Wittelsbacherherzog Albrecht, dass die „Elspetenzeller […] in ihrer Hofmark ein Brauhaus errichten dürfen, in dem sie für ihren Bedarf, und auch für die, die zu ihnen kommen, brauen dürfen."
Ob die „Elspetenzeller" daraufhin wirklich ein Brauhaus errichteten, lässt sich nicht mehr ermitteln. Einen Hinweis darauf, dass ein solches tatsächlich existiert hat, gibt es allerdings. Er besteht in dem besagten Bierkeller direkt in der Ortsmitte. Noch in der ersten Hälfte des 20. Jahrhunderts benutzte man ihn, um Eis zu lagern. Dann aber wurde er beim Bau einer neuen Straße und der Anlage eines Parkplatzes verschüttet und geriet in Vergessenheit. Zwar wussten ältere Elisabethszeller noch vom Hörensagen, dass

INFO:
Der Elisabethszeller Bierkeller, neben dem Parkplatz vor der Pfarrkirche, ist jederzeit bei freiem Eintritt zugänglich.

es ihn einmal gegeben hatte, aber gefragt, wo er gewesen sei, konnten auch sie nur mit den Schultern zucken.

Im frühen 21. Jahrhundert beschloss der Arbeitskreis Lebenswertes Elisabethszell, den Keller zu suchen. Die Auffindung erwies sich als schwierig. Handschachtungen brachten ebenso wenig Erfolg wie der Einsatz eines Metallsuchgerätes, und den Erkenntnissen eines Wünschelrutengängers, der meinte, den Keller verortet zu haben, schenkte man keinen Glauben. Im Jahr 2018 jedoch stieß ein Baggerführer auf ein Gemäuer, und zwar genau an der Stelle, auf die der Wünschelrutengänger hingewiesen hatte. Es war der verschollene Bierkeller. Er wurde freigelegt, restauriert und untersucht, sein Alter aber konnte nicht bestimmt werden. Dafür entdeckte man im Hang über dem Keller die Fundamente weiterer Bauten. Auch bei ihnen ist unklar, aus welcher Zeit sie stammen, und unklar ist auch, welchem Zweck sie dienten. Nicht wenige Elisabethszeller sind überzeugt davon, dass sie, ebenso wie der Keller, zu einer Brauerei aus dem 14. Jahrhundert gehörten. Den Beweis für die Richtigkeit dieser Meinung zu erbringen, ist schwer. Leicht dagegen ist es, sich in dem kühlen Raum in eine lang vergangene Zeit zurückzuversetzen.

DIE VERSTECKE DES **ABTS VEIT HÖSER**

HAIBACH

Im Jahr 1632 griff der Dreißigjährige Krieg auf Niederbayern über, im Jahr darauf eroberten die Schweden Regensburg, nahmen Straubing ein und zogen weiter in den Bayerischen Wald. Dort war eines ihrer ersten Ziele das Kloster Oberalteich. Der Abt Veit Höser – wohl der bedeutendste unter den Äbten des Klosters – musste fliehen. In seinen Aufzeichnungen berichtet er von der Schreckenszeit zwischen November 1633 und April 1634: „… die Truppen … verheerten und entvölkerten allerorten alles, mit Rauben und Plündern, Kirchenschändungen und Brandschatzung, verwüsteten alle Häuser und Felder … Überall verließen die Bewohner Haus und Hof. Sie suchten ihr Heil in der Flucht …“
Die Landsknechte verübten unvorstellbare Grausamkeiten. Höser beschreibt detailliert Vorgänge in den Gemeinden Elisabethszell und Haibach. Er erzählt, wie die Landsknechte die Elisabethszeller Probstei ausraubten, Kirchen- und Hausgerätschaften fortschleppten, Pferde und Vieh wegtrieben und die ohnehin Not leidenden Menschen marterten. „Sie banden, stachen, schlugen sie mit Prügeln, verbrannten, verwundeten und mordeten die Elenden. … Noch grausamer verfuhren sie mit dem Clerus, und jedem Geistlichen, mit Adelichen und Begüterten, … Nebst dem … schwedischen Trunke hatten sie noch eine bekannte und allgemeine Marter, wodurch sie die armen unschuldigen Menschen zum Geständnisse ihrer Heimlichkeiten und zur Bekannt-

INFO:

Die Veit-Höser-Höhle liegt jeweils ein paar Hundert Meter von den Haibacher Ortsteilen Blöß und Schuhchristleger entfernt im Wald. Zwischen den beiden Ortschaften gibt es – auf der Talseite der Straße – eine Bucht, die als Parkplatz genutzt werden kann. Von dort führt, entlang einer alten Steinmauer, ein Waldweg nach unten. Man folgt diesem Weg etwa 200 Meter weit, dann biegt man nach rechts ab und sucht unter einer Reihe von ähnlichen Steinformationen die Veit-Höser-Höhle. Vorsicht! Das Gelände ist wegen zahlreicher Felsspalten und überwachsener Steine nicht leicht zu begehen.

machung und Entdeckung verborgener Sachen zwangen. Diese Marter bestund darin, daß sie mit einem kleinen Bündel seidener oder leinener Fäden das Haupt eines Menschen [...] bis an die Stirne umgaben, diesen, wie einen Strick, immer enger zusammenschnürten, und den Hirnschedel so lange [...] zusammenpreßten, bis der Augapfel immer mehr aus seinem Sitze trat, und auf eine abscheuliche Art aus dem Gesichte hervorragte."[1]

Veit Höser versteckte sich in Elisabethszell, doch um die Einwohner nicht zu gefährden, verließ er den Ort, als sich eine Horde Soldaten näherte. Unter einem Felsen unweit von Elisabethszell, der noch heute **Veit-Höser-Höhle** genannt wird, sollen er und ein Gefährte für kurze Zeit ein wenig Schutz vor der Kälte gefunden haben. Dann floh er weiter, in ein anderes Versteck. Wieder handelte es sich um eine Art Höhle, diesmal unter dem so genannten **Frauenstein**, einem Granitblock mitten im Wald. Dass der Volksglaube mit diesem Fels mehr verbindet als ein Versteck, geht sowohl aus den christlichen Figuren hervor, die dort angebracht wurden, als auch aus den schwer entzifferbaren Inschriften, die jemand in den Stein gemeißelt hat.

Vom Frauenstein hetzte Veit Höser weiter nach Haibach und versteckte sich dort auf dem Dachboden des **Pfarrhauses**. Die Schweden durchsuchten das Haus, schlugen Türen und Schränke ein, leerten Truhen und Schubladen aus und zertrümmerten alles, was sie nicht mitnehmen konnten. Ein Trompetensignal, das sie zum Abmarsch rief, rettete Höser in letzter Minute.

Fährt man auf der Straße, die von Haibach über die Ortsteile Buchet, Obernebling und Edenhof nach Elisabethszell führt, so sieht man kurz vor Obernebling auf der linken Straßenseite einen Weg, der in den Wald hineinführt. Man folgt ihm etwa 500 Meter weit in Richtung Norden; kurz nach einer Rechtskurve erhebt sich auf der linken Wegseite der Frauenstein.

Nach einer Odyssee durch Niederbayern fand Veit Höser für zwei Monate ein Quartier in Landshut. Im August 1634, nach dem Abzug der Schweden, kehrte er nach Oberalteich zurück, „in unser verlassenes, verheertes, ausgeplündertes und unvorstellbar zugerichtetes Kloster". Dort starb der Abt wenige Monate später an der Pest.

1 Die Aufzeichnungen von Veit Höser sind auf Latein verfasst, eine Übertragung ins Deutsche von Joseph von Mußinan wurde 1811 veröffentlicht.

Obermühle

VOM ABT UND VOM TEUFEL BESUCHT: **DIE OBERMÜHLE**

HAIBACH

Obermühle ist ein Ortsteil von Haibach; die Mühle an der Menach, die ihm den Namen gab, existiert nicht mehr. Sie war, wie das bei Mühlen häufig der Fall ist, ein besonderer Ort. Mühlen lagen meist außerhalb des Dorfes und niemand wusste genau, was dort vorging. Das führte zur Entstehung von Gerüchten, Legenden und Sagen. Hie und da wurden die Müller sogar verdächtigt, mit dem Teufel im Bund zu stehen. In der Zeit des Dreißigjährigen Krieges soll sich auch der einstige Obermüller auf einen Pakt mit Satanas eingelassen und dafür ein Schwarzbuch und einen Erdspiegel erhalten haben.

Auf seiner Flucht vor den Schweden kam der Oberalteicher Abt Veit Höser mit einigen Klosterbrüdern sowie dem Klosterschatz zur Obermühle. Hier vergruben die Kirchenmänner den Schatz, um ihn vor den marodierenden Soldaten zu retten. Mit Hilfe des Erdspiegels aber entdeckte ihn der Müller, und in seinem Schwarzbuch fand er eine Anweisung, wie er zu heben sei. Das müsse, hieß es da, in einer Rauhnacht geschehen, am besten in der Dreikönigsnacht. Und sechs Männer müssten dabei sein, von denen aber keiner ein Wort sprechen dürfe. Der Müller holte die Männer zusammen, und sie machten sich an die Arbeit. Sie hatten den Schatz fast an der Oberfläche, als ein fremder Mann erschien und rief: „Die Obermühl brennt!“ Da entfuhr dem Mül-

INFO:

Das private Anwesen kann man sowohl von der Staatsstraße 2140 als auch von dem parallel dazu verlaufenden Rad- und Wanderweg einsehen.

ler ein Fluch – das Schweigen war gebrochen, der Schatz verschwunden und mit ihm der fremde Herr.

Heute ist die Mühle in Privatbesitz. Einer ihrer Besitzer versuchte im späten 20. Jahrhundert, die Wasserkraft der

Menach zur Stromgewinnung zu nutzen, dabei geriet er in Konflikt mit der Bürokratie. Offenbar war, wenngleich unsichtbar, immer noch der Teufel am Werk; diesmal steckte er in den Details der behördlichen Auflagen.

DIE BURG

MITTERFELS

Mitterfels war über viele Jahrhunderte hinweg der Sitz von Gerichten. Im 11. Jahrhundert etablierten die Grafen von Bogen ein Landgericht. Die Wittelsbacher, in deren Besitz der Ort Mitte des 13. Jahrhunderts gelangte, erhoben es zum Pfleggericht. Um 1800 wurde ein kurfürstliches, später ein königliches Landgericht geschaffen, dieses wurde schließlich in ein bayerisches Amtsgericht umgewandelt.

Bis ins frühe 14. Jahrhundert oblag dem Mitterfelser Gericht sowohl die niedere als auch die hohe Gerichtsbarkeit. Das heißt, hier wurden einerseits Erbstreitigkeiten, Raufereien, Viehdiebstähle und andere kleinere Delikte verhandelt, andererseits die so genannten Malefizhändel, also Straftaten wie Mord und Totschlag, Notzucht und Brandstiftung. 1311 ging die niedere Gerichtsbarkeit an den Adel über, das Mitterfelser Gericht hatte nur noch über Kapitalverbrechen zu befinden. Auf viele davon stand die Todesstrafe. Die erste beurkundete Hinrichtung in Mitterfels fand im Jahr 1410 statt, die letzte 1847.

Die Haftbedingungen in der Burg waren – jedenfalls nach heutigem Empfinden – unmenschlich. Verurteilte Übeltäter wurden oft über Wochen hinweg an die Wand des Verlieses gekettet; der Stubenscherg, also der Gefängniswärter, und der Eisenscherg, derjenige, der die körperlichen Strafen vollstreckte, machten ihnen das Leben zur Hölle. Insbesondere der Letztere war gefürchtet. Er durfte die Delin-

INFO:

Museum
Öffnungszeiten von Anfang April bis Ende Oktober: Mittwoch, Samstag, Sonn- und Feiertag von 14.00 bis 17.00 Uhr sowie nach Vereinbarung

quenten nach allen Regeln seiner fragwürdigen Kunst foltern und verstümmeln. Befand der Richter etwa jemanden der Gotteslästerung für schuldig, konnte es sein, dass man ihm oder ihr Glieder abschnitt oder die Zunge durchbrannte. Auch bei Verstößen gegen die Regeln des menschlichen Zusammenlebens griff die Justiz ein, zum Beispiel, indem sie die Missetäter öffentlich zur Schau stellte. So wurden Streitigkeiten und Zänkereien unter Frauen unter anderem dadurch geahndet, dass man den Opponentinnen die doppelte Halsgeige anlegte, das heißt, man schloss sie so zusammen, dass sie sich aus nächster Nähe in die Augen sahen und sich weiterhin beschimpfen und bespucken konnten. Ein amüsiertes und dankbares Publikum war ihnen sicher. Das ganze Mittelalter hindurch, und noch lange danach, galt Mord als ein todeswürdiges Verbrechen. Auch Diebe mussten – sogar dann, wenn sie nur relativ geringe Beträge entwendet hatten – damit rechnen, „zwischen Himmel und Erde mit dem Strang erwürgt [zu] werden". Kupplerinnen und Kuppler wurden geköpft. Hatte sich jemand des Ehebruchs schuldig gemacht, so stellte man ihn öffentlich zur Schau und sperrte ihn vier Wochen lang „bei geringer Atzung" ins Gefängnis, im Wiederholungsfall drohte die Todesstrafe. Und immer wieder richtete man Personen für Verbrechen hin, die heute keinesfalls mehr als solche gelten und bei denen es oft aufgrund falscher Behauptungen zum Prozess gekommen war. So wurde das Beleidigen eines Heiligenbildes durch Worte oder Taten mit Enthauptung geahndet, und bis ins frühe 17. Jahrhundert wurde, wer eine Hostie entweiht, Hexerei betrieben oder mit dem Teufel einen Pakt geschlossen hatte, öffentlich verbrannt. Der Erlass der Malefizprozessordnung von 1616 änderte daran wenig. Immerhin: Man ging dazu über, Hexen zu strangulieren und sie erst nach ihrem Tod zu verbrennen.

Für das Pfleggericht Mitterfels sind fünfzehn Hexenprozesse bekannt, bei denen das Todesurteil verhängt und vollstreckt wurde. Vermutlich haben die meisten – wenn nicht alle – der Angeklagten unter der Folter zugegeben, mit dem

Teufel im Bunde zu stehen, weil sie der Pein, die ihnen zugefügt wurde, nicht gewachsen waren.
Am besten lassen sich die Umstände, unter denen der Strafvollzug vonstattenging, im **Burgmuseum** nachempfinden. Die meisten Zellen in dem rund 200 Jahre alten und bis Ende des Jahres 1948 genutzten Gefängnistrakt sind heute mit Exponaten zum Thema Handwerkskunst bestückt, eine jedoch enthält noch die Originalausstattung: eine Pritsche, einen Hocker, einen Klapptisch, einen großen, als Toilette genutzten Eimer sowie einen nur von außerhalb der Zelle beheizbaren Ofen. Bemerkenswert ist, dass vor der Zelle, an der Wand gegenüber von deren Eingangstür, ebenfalls ein Klapptisch angebracht ist; an ihm saß der Gefängniswärter. Dass sich dieser Tisch nicht von demjenigen in der

Zelle unterscheidet, darf als Hinweis darauf gewertet werden, dass der Stubenscherg keine besonders privilegierte Person war.
Trotz ihrer Unwohnlichkeit erscheint die Zelle im Vergleich zu dem im Kellergeschoss gelegenen Verlies schier luxuriös. Steigt man durch die Falltür links der Zelle hinab, so gelangt man zu den beiden Kammern im Turmsockel, in denen gewiss mancher jede Hoffnung fahren ließ. Zu mehrjährigen Gefängnisstrafen Verurteilte wurden dort zum Jahrestag ihres Verbrechens für eine bestimmte Anzahl von Tagen bei niedrigen Temperaturen und Dämmerlicht, bei Wasser und Brot, an die Wand gekettet. Just an der Stelle, an der einst die Sträflinge schmachteten, liegt jetzt eine Puppe – und man ist geneigt, sogar mit ihr Mitleid zu empfinden.

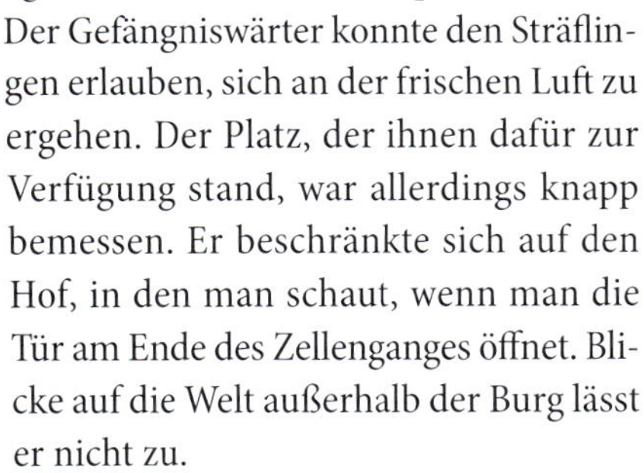

Der Gefängniswärter konnte den Sträflingen erlauben, sich an der frischen Luft zu ergehen. Der Platz, der ihnen dafür zur Verfügung stand, war allerdings knapp bemessen. Er beschränkte sich auf den Hof, in den man schaut, wenn man die Tür am Ende des Zellenganges öffnet. Blicke auf die Welt außerhalb der Burg lässt er nicht zu.
Ein Instrument, das dem Strafvollzug diente, hat sich im Original erhalten: Die Prügelbank. Sie steht in einer Zelle im Rundturm, die man wegen ihrer relativen Wohnlichkeit die „Bauernstube" nannte und mehreren Gefangenen Platz bot. Untergebracht waren dort Verurteilte, die sich lediglich kleinerer Vergehen schuldig gemacht hatten – Vergehen, bei deren Bestrafung auch die Prügelbank zum Einsatz kam.

DIE RICHTSTÄTTE

MITTERFELS

Über die Stätten, an denen einst Menschen gehängt oder enthauptet wurden, ist längst Gras gewachsen. Zeugnis von ihrer Existenz legen jedoch einzelne Flurnamen ab. Auf alten Karten ist beim Ortsteil Höfling noch die Flurbezeichnung „Auf der Köpfstatt“ zu lesen. Dort, im Westen von Mitterfels, wurde der so genannte Blutstuhl aufgestellt, auf dem man die Verurteilten festschnallte, ehe ihnen der Scharfrichter vor einer riesigen Zuschauermenge den Kopf abschlug. Das derbe Möbel wurde im Anwesen des Höflingbauern aufbewahrt, wenn eine Exekution bevorstand, trugen es die Schergen des Pflegamts zu der eigens errichteten Hinrichtungsbühne hinüber. Der Stuhl war mit bunten, vorwiegend roten Blumen bemalt, um die Blutflecken, die bei der Exekution entstanden, zu kaschieren. Im Jahr 1847, bei der Hinrichtung des Konzeller Lehrers Dominikus Hahn, wurde der Blutstuhl zum letzten Mal benutzt. Nach der Errichtung des Bezirksmuseums brachte man ihn nach Bogen, von wo er nach dem Kriegsende 1945 verschwand.

Der Mitterfelser Pfarrer Joseph Lautenbacher, der Dominikus Hahn das letzte Geleit gab, hat eine detaillierte Schilderung des Hinrichtungstags hinterlassen. Hier eine Zusammenfassung seines Berichts: Zu der Hinrichtung haben sich Tausende von Neugierigen eingestellt, darunter viele Geistliche sowie Frauen mit kleinen Kindern auf den Armen. Um

INFO:

Die Stelle, an der einst die Schwerthinrichtungen stattfanden, ist nur noch annähernd lokalisierbar. Aus Richtung Straubing kommend, ist das erste Anwesen auf der linken Straßenseite ein langgezogenes Gebäude, das u. a. das „Pilspub zum Klaus“ beherbergt. Zwischen diesem Gebäude und dem westlich davon gelegenen Ortsteil Höfling stand der Blutstuhl.

ihnen gute Sicht auf das Geschehen zu gewährleisten, hat man eine drei Meter hohe Hinrichtungsbühne aufgebaut. Am Morgen erhielt der Delinquent seine Henkersmahlzeit. Gegen neun Uhr kam die Exekutionskommission in seine Zelle und forderte ihn auf, sich zur letzten Fahrt bereitzumachen. Der von Eichstätt angereiste Scharfrichter kleidete ihn in das graue Sterbehemd und hängte ihm die Schandtafel mit der Aufschrift „Des Mordes und der Todesstrafe schuldig" um. Auf seinem Weg zum Sünderkarren trug er das Sterbekreuz in der Hand. Zusammen mit dem Henkersknecht und dem Pfarrer fuhr er durch das menschenleere Dorf zur Richtstätte. Dort verlas der Protokollführer das Todesurteil. Der Exekutionskommissär zerbrach einen schwarzen Stab und warf ihn zu Boden. Hahn wurde hinter den verhängten Verschlag unter der Hinrichtungsbühne geführt, dort verband man ihm die Augen, fesselte ihm die Hände auf dem Rücken und entblößte seinen Oberkörper. Nachdem ihm der Pfarrer noch einmal die Absolution erteilt hatte, stieg er die Treppe hinauf und setzte sich auf den Blutstuhl. Der Henkersknecht forderte ihn auf, die Schultern zu senken, da ihm sonst der Kopf an den Haaren hochgezerrt werden müsse. Der Scharfrichter – hemdsärmelig, barhaupt, in einer roten Weste – stellte sich neben ihn und führte, während der Geistliche gemeinsam mit der versammelten Menge drei Vaterunser betete, mit dem Henkerschwert Lufthiebe gegen den Hals des Verurteilten aus. Bei den Worten „… und vergib uns unsere Schuld" trennte er das Haupt des Verurteilten mit einem sicheren Hieb vom Rumpf.

Als der Henkersknecht von den vier Ecken der Bühne aus dem Publikum den abgeschlagenen Kopf zeigte, wurden Frauen ohnmächtig, das Weinen von Kindern und gellende Schreie übertönten das Gebet des Priesters. Der Gerichtsarzt betrat die Bühne und bestätigte den Tod des Delinquenten. Der Rumpf wurde in den bereitstehenden Sarg gelegt, der Kopf zwischen die Füße. Der Geistliche hielt eine kurze Ansprache und beendete das Geschehen mit einem

letzten Vaterunser. Der Leichnam wurde auf dem Armesünderkarren zum Friedhof gefahren, zwei Männer trugen ihn in eine Ecke des Gottesackers. Der Henkersknecht nahm den abgeschlagenen Kopf noch einmal aus dem Sarg und schor ihm die Haare. Später wurde der Kopf in Wachs nachgebildet und noch lange auf Jahrmärkten gezeigt und in der Münchener Anatomie ausgestellt.

So weit der Bericht des Pfarrers Joseph Lautenbacher.

Anzumerken ist, dass keineswegs nur Männer mit dem Schwert hingerichtet wurden. Das gleiche Ende fand im Mai 1821 die ledige Taglöhnerstochter Anna Maria Geyer aus Kößnach; sie hatte acht Monate zuvor die Ehefrau ihres Geliebten erwürgt.

DER GALGENACKER

MITTERFELS

Die Bezirke, in denen über Jahrhunderte hinweg zum Tod am Strang Verurteilte ihr Ende fanden, sind leicht auszumachen: Im Norden von Mitterfels liegen unmittelbar aneinander grenzend zwei Flurstücke mit den Bezeichnungen „Galgenäcker“ und „Galgenholz“. Das erstgenannte wird von der heutigen Aschaer Straße durchschnitten und landwirtschaftlich genutzt, das letztere schließt sich nördlich daran an und ist von einem Wäldchen bewachsen. Dass das Wort „Galgen“ in mehreren Flurbezeichnungen vorkommt, ist ein deutlicher Hinweis darauf, dass in Mitterfels nicht nur ein Galgen stand. Es gab sogar verschiedene Modelle – vom einfachen Pfahl bis zum Gerüst, an dem mehrere Delinquenten gleichzeitig gehängt werden konnten. Auch hier, wo heute eine Autowaschanlage und ein Einkaufszentrum stehen, versammelten sich einst große Mengen an Schaulustigen, die zum Teil von weit her anreisten, um sich einen Nervenkitzel zu verschaffen.

INFO:

Dort, wo die Haselbacher Straße in die Bayerwaldstraße übergeht, zweigt die St2147 nach Ascha ab. Sie führt mitten durch das Flurstück mit der Bezeichnung „Galgenäcker“. Das nördlich daran angrenzende Flurstück ist das „Galgenholz“.

DIE NAGELSTEINER WASSERFÄLLE

NEUKIRCHEN

Es ist heute noch nicht ganz einfach, den Obermühlbach hinaufzugehen. Zwar führt ein Weg auf der östlichen Bachseite entlang vom Ort Obermühlbach aus zu den Nagelsteiner Wasserfällen, doch dieser Weg ist feucht, und der Wanderer muss über zahlreiche umgestürzte Bäume steigen oder unter ihnen hindurchschlüpfen. Früher, als das Tal noch weniger erschlossen war, dürfte es mancher als mehr oder weniger unzugänglich betrachtet haben. An Orten aber, die für Menschen schwer erreichbar sind, halten sich gerne Geister und Gespenster auf, ja sogar der Teufel unterhält an solchen Stellen mitunter einen Wohnsitz.

Im Mittelalter lebte in der Bachschlucht ein Drachen, dem immer wieder Menschen zum Opfer fielen. Niemand wagte es, sich ihm entgegenzustellen, bis sich endlich der Klosterjäger von Windberg, gestärkt durch die heilige Kommunion und viel Gottvertrauen, ein Herz nahm und zu den Waffen griff. Er erlegte das Ungeheuer und befreite die Menschen von ihrem größten Schrecken.

Der Teufel trieb sich weiterhin in der Gegend herum. Einmal fanden Wanderer bei Neuschnee auf der unweit des Bachs verlaufenden Straße einen großen Haufen Pferdeäpfel – so frisch, dass sie noch dampften. Weil aber nirgendwo Huf- oder Wagenspuren zu sehen waren, konnte diesen Haufen nur der Teufel hinterlassen haben.

INFO:

Am leichtesten zu erreichen sind die Wasserfälle von einem 3 km südlich von Grün gelegenen Parkplatz an der St2139 aus.

In Mitterberg, gleich außerhalb von Obermühlbach, erzählt man sich, dass der Satan unter den Steinen am Bach einen riesigen Goldschatz versteckt hält. Jedes Jahr am Fronleichnamstag muss er ihn herzeigen. Er kündigt das durch ein Klingeln, Leuchten und Funkeln an, das dann zu hören und zu sehen ist, wenn in der Kirche im Johannesevangelium

gelesen wird. Aber weil sich niemand in die Nähe des Schatzes wagt, verschwindet dieser jedes Mal wieder im Erdboden.

Die meisten der unheimlichen Wesen haben das Tal mittlerweile verlassen. Was den Teufel selbst betrifft, so ist man sich nicht sicher.

DIE SCHWERE LAST VON HINTERHOF

SCHWARZACH

Von dem Weiler Vorderhof, etwa drei Kilometer nördlich von Schwarzach, führt ein Forstweg hinauf nach Hinterhof. An seinem oberen Ende steht ein Wegkreuz, das einst Schauplatz eines schaurigen Geschehens war.

„Hofbauer" nannte man früher alle Besitzer des Hinterhofer Anwesens. Der Hofbauer der ersten Hälfte des 20. Jahrhunderts verfügte über eine beachtliche Menge Land: Neben etlichen Wiesen und Feldern gehörten ihm an die 300 Tagwerk Wald. Die Bäume, die er schlug und als Brenn- oder Bauholz verkaufte, bescherten ihm den größten Teil seines Einkommens. Mit seinen schweren Kaltblütern zog er das Holz aus dem Wald und brachte es auf seinen Hof. Dort wurde jener Teil, den er als Bauholz verkaufte, auf einen Wagen verladen. War der Wagen mit den großen, von Eisenringen ummantelten Holzrädern voll, so ging es auf genau der Strecke, die heute dem erwähnten Forstweg entspricht, zuerst hinunter nach Vorderhof, von dort nach Harpfen, und schließlich über Schwarzach hinaus in die Donauebene. So auch an jenem, für den Hofbauern ganz und gar unvergesslichen Tag.

Nachdem er sein Ziel erreicht hatte und das Holz abgeladen war, gönnte er den Pferden eine Pause, dann trat er die Rückfahrt an. Die ging, da der Wagen nun leicht war, relativ schleunig vonstatten. Bei Einbruch der Dunkelheit erreichte er Vorderhof, und vor ihm lag nur noch die etwa einen Kilometer lange Strecke

INFO:

Die einstige Einöde Hinterhof ist heute mehr oder weniger mit dem Ort Hinterdegenberg zusammengewachsen. Dort, wo der Forstweg auf die Fahrstraße nach Hinterdegenberg trifft, steht das Wegkreuz; die Tafel mit dem Namen ihres Stifters, auf der möglicherweise der Grund für die Aufstellung der Kreuzsäule vermerkt war, ist abhandengekommen.

durch den Wald, hinauf nach Hinterhof. Dieser von moosbewachsenen Felsen und Baumstümpfen gesäumte Weg ist zum Teil ein Hohlweg. Er steigt an, aber er ist nicht steil. Dennoch kamen die Pferde, die gerade noch vehement dem heimatlichen Stall entgegengestrebt waren, mit einem Mal kaum mehr voran. Es war gerade so, als wäre der Wagen von Neuem mit einer schweren Last beladen worden. Der Hofbauer glaubte zuerst, das Fuhrwerk sei beschädigt, doch er konnte nichts Ungewöhnliches feststellen. Also trieb er seine Rösser zum Weiterziehen an. Sie legten sich so heftig ins Geschirr, dass dessen Stränge zu reißen drohten. Ihre Hufe bohrten sich tief in den Waldboden und vor ihren Mäulern stand weißer Schaum. Die Achsen des Wagens waren drauf und dran, zu zerbrechen. Nur Meter um Meter kam das Gespann vorwärts, und immer wieder musste der Bauer anhalten, um seine Kaltblüter ausruhen zu lassen. Es

wurde dunkel, und während die Pferde vor Anstrengung schwitzten, rann ihrem Lenker der Angstschweiß über den Rücken. Schließlich erreichten sie die Kreuzsäule am oberen Ende des Waldwegs. Da kam es dem Hofbauern vor, als spränge jemand vom Wagen – und im selben Augenblick war das Gefährt wie von einer schweren Last befreit. In jeder Hinsicht erleichtert legten Mann und Rösser die restliche, kurze Strecke zum Hof zurück.

Noch heute sieht man, wenn man den Weg von Vorderhof nach Hinterhof oder von Hinterhof nach Vorderhof geht, die Abdrücke von Pferdehufen auf dem Boden. Sie stammen zwar eher von den Tieren, die im Hinterdegenberger Reiterhof Schober gehalten werden, als von den Rössern des Hofbauern, aber sie helfen, die Fantasie zu beflügeln und die Ängste nachzuempfinden, die der Mann seinerzeit ausgestanden hat.

DER UNTERGANG DER BURG DEGENBERG

SCHWARZACH

Die Degenberger waren ein mächtiges Adelsgeschlecht, dementsprechend eindrucksvoll war ihre Burg. Die wurde, glaubt man der Geschichtsschreibung, während des Böcklerkriegs in der zweiten Hälfte des 15. Jahrhunderts zerstört. Hält man sich dagegen an die Sagen, die sich um die Burg ranken, so bietet sich ein anderes Bild. Sie stellen die Zerstörung der Burg in einen Zusammenhang mit dem Tod von Agnes Bernauer. Wie in dem Kapitel über die Geliebte des Herzogs Albrecht beschrieben (s. S. 13 ff.) soll sie von einem Folterknecht, der eine Stange in ihr Haar gewickelt hatte, in die Fluten der Donau gedrückt worden sein. Eine Legende berichtet, dass dieser Folterknecht niemand anders war als der Freiherr Hans von Degenberg. Das habe Herzog Albrecht erfahren und daraufhin beschlossen, sich zu rächen. Seit der Tat waren zwar viele Jahre vergangen, doch verlangte er nun von dem Degenberger ein Zeichen der Unterwürfigkeit. Er forderte ihn auf, ihm ein Ei nach Straubing zu bringen – und zwar auf einem von vier Schimmeln gezogenen Wagen. Der Degenberger lehnte ab und ließ den Herzog wissen, er könne das Ei gern haben, aber er müsse es sich selbst abholen. Diese Dreistigkeit machte das Maß voll. Weil es ihm zu aufwändig erschien, die Degenberg'sche Burg zu erobern, lud Albrecht seinen Rivalen unter dem Vorwand der Versöhnung zu einem großen Mahl nach Straubing ein. Hans von Degenberg nahm die

INFO:

Sucht man im Internet oder in Broschüren nach der Burg Degenberg, findet man meist Fotos von einem malerischen Gemäuer mit rundbogigen Fensteröffnungen, das unmittelbar neben der Degenberger Straße liegt. Dabei handelt es sich um ein in Privatbesitz befindliches Bauwerk aus späterer Zeit. Die Ruinen der tatsächlichen Burg liegen ca. 1 km oberhalb davon. Die wenigen erhaltenen Mauerreste sind stark überwachsen, der Weg dorthin ist nicht ausgeschildert. Es erfordert einen gewissen Spürsinn, sie zu finden.

Einladung an. Als der Herzog aber nach dem Mahl ans Fenster trat und mit der Hand in Richtung Degenberg wies, wusste der Freiherr, dass er einen Fehler begangen hatte. In der Ferne sah er einen riesigen Feuerschein. Seine Burg brannte lichterloh. Albrechts Soldaten hatten sich von einem bezahlten Verräter das Burgtor öffnen lassen und Feuer gelegt. Hans von Degenberg eilte heim, fand aber nur noch rauchende Trümmer vor.

In Schwarzach erbaute sich der Freiherr ein neues Schloss und wurde trotz allem ein treuer Gefolgsmann Herzog Albrechts.

Apoig
Heimat des Mühlhiasl

APOIG UND DER MÜHLHIASL

HUNDERDORF

Über den Mühlhiasl ist viel gesagt und geschrieben worden. Die Weissagungen des Waldpropheten geben nach wie vor Rätsel auf, das größte Rätsel aber ist er selbst.

Mit bürgerlichem Namen soll er Matthias Lang geheißen haben. Als Langs Geburtsdatum wird meist der 16. September 1753 angegeben, als sein Geburtsort die Mühle in dem Weiler Apoig, heute ein Teil der Gemeinde Hunderdorf. Urkunden geben Auskunft über die Namen von Langs Eltern und Geschwistern, ferner darüber, dass er im Kloster Windberg getauft wurde. Bekannt sind auch das Datum seiner Eheschließung, die Namen seiner Ehefrau und seiner acht Kinder. Man weiß, dass Lang von seinem Vater die Mühle übernahm, sie aber, weil er schlecht wirtschaftete und hoch verschuldet war, aufgeben musste. Über den Zeitpunkt seines Todes wird spekuliert; die Annahmen reichen von 1809 bis 1830. Die meisten Stationen auf dem Lebensweg von Matthias Lang sind relativ gut dokumentiert. Darauf, dass er zu seiner Zeit als Prophet galt, gibt es nicht den geringsten Hinweis. Das erste schriftliche Dokument, das von seinen Weissagungen berichtet, wurde im Jahr 1923 veröffentlicht, also etwa ein Jahrhundert nach seinem Tod. Verfasst hat es der katholische Pfarrer Johann Landstorfer, der in der Gemeinde Pinkofen im Bistum Regensburg Dienst tat. Er bezog seine Informationen von einem ebenfalls in Pinkofen lebenden, 93 Jahre alten

INFO:

Die Mühle in Apoig wurde um das Jahr 2020 abgerissen, das Grundstück am heutigen Mühlhiaslweg, auf dem sie stand, ist in privatem Besitz und nicht zugänglich. Besuchen allerdings kann man die Gräber der beiden Priester Johann Georg Mühlbauer und Johann Landstorfer auf dem Friedhof von Oberalteich. Sie befinden sich an der Kirchenmauer nahe des Eingangs zum Friedhof.

Amtsbruder namens Johann Georg Mühlbauer. Der berichtete ihm vom Sohn eines Müllers aus Apoig, den man den „Mühlhias" genannt habe und auf den allerlei wundersame Geschichten und Prophezeiungen zurückgingen. Den Familiennamen dieses Mühlhias kannte er nicht. Landstorfer forschte in alten Kirchenbüchern nach und stieß auf einen Mathias Lang. Bei dem musste es sich, da er zur in Frage kommenden Zeit gelebt hatte, seiner Meinung nach um den Mühlhiasl handeln.

Unter der Überschrift „Ein Zukunftsseher aus Großväterzeiten: Mathias Lang, gen. ‚der Mühlhias' aus Apoig" veröffentlichte das Straubinger Tagblatt im Februar 1923 das Ergebnis von Landstorfers Nachforschungen. In einer eigenwilligen, an den bairischen Dialekt angelehnten Sprache gab der Pfarrer wieder, was er von Johann Georg Mühlbauer erfahren hatte. Der Beitrag wurde von den Lesern mit großem Interesse aufgenommen, das Echo war beachtlich. Offenbar hatte nie zuvor jemand etwas vom Mühlhiasl gehört oder gelesen. Das ist erstaunlich, denn Landstorfer behauptete, die Prophezeiungen schwirrten im nördlichen Niederbayern seit einem Jahrhundert von Mund zu Mund. Und obgleich die Volkskunde im Bayern des 19. Jahrhunderts Hochkonjunktur hatte, taucht bei keinem einzigen Volkskundler, Heimat- oder Brauchtumsforscher ein „Mühlhiasl" auf. Die älteste Quelle, die den Namen erwähnt, ist und bleibt Landstorfers zwei halbe Seiten langer Zeitungsartikel. Dieser Artikel enthält zunächst eine Aufzählung von Vorzeichen, die eine Katastrophenzeit ankündigen: „Wenn sich d' Bauernleut g'wanden wie die Städtischen und die Städtischen wie d' Narrn … nacher ist nimmer weit hin." „Wenn d' Leut in der Luft fliegen können … wenn d' Wägen ohne Roß und Deichsel fahren … dann steht's nimmer lang an." „Wenn d' Leut nichts mehr tun als fressen und saufen, schlemmen und dämmen, wenn a Bauernleut alle Kuchen fressen …"

Es folgt eine Beschreibung der Katastrophenzeit, die mit einem großen Krieg anfängt: „Nach dem Krieg meint man,

Hier ruht in Gott
H. H. Pfarrer
Joh. Gg. Mühlbauer
*29.12.1827 +18.5.1921
1887-1903 Pfarrer
in Oberalteich
R. I. P.

Ruh ist, ist aber keine. Die hohen Herren sitzen zusammen und machen Steuern aus. Nachher steht's Volk auf." „Geld wird gemacht, so viel, daß mans gar nimmer kennen kann, wenns gleich lauter Papierflanken sind, kriegen die Leut nicht genug daran. Auf einmal gibts keins mehr." „Die reichen und noblen Leut werden umbracht. Wer feine Händ hat, wird totgeschlagen." Dann kommen „die Roten": Aber „Franzosen sind's nicht, rote Hosen habens auch nicht, aber die Roten sind's." Und schließlich: „Auf d' Letzt kommt der Bänk-a-ramer" – der Bänke-Abräumer. „Wer 's überlebt, muss einen eisernen Kopf haben."
Schließlich wird die Situation nach dem großen Abräumen geschildert: „Die Leute sind wenig. Grüßen tuns wieder." Überhaupt setzt nach dem Strafgericht eine schöne Zeit ein. Wann das Bänke-Abräumen stattfindet, geht aus einer Bemerkung hervor, die der Mühlhiasl einem Kind gegenüber macht: „Du bist beim großen Krieg nimmer dabei, deine Kinder auch nicht, aber denen ihre Söhne kommen gewiss dazu."

Demzufolge muss der prophezeite Krieg drei Generationen nach Mühlhiasls Lebzeiten stattgefunden haben, es kann also nur der Erste Weltkrieg gemeint sein. Der war, als Pfarrer Landstorfer seinen Artikel schrieb, noch nicht lange vorbei. In Landstorfers Zeit hatten die Menschen auch damit begonnen, „in der Luft [zu] fliegen“, die Wägen fuhren „ohne Ross und Deichsel“, und Geld wurde gemacht, „so viel, daß mans gar nimmer kennen kann, wenns gleich lauter Papierflanken sind“.

Das alles lässt den Verdacht aufkommen, dass Landstorfer seinem Mühlhiasl Vorhersagen in den Mund gelegt hat, die bereits Wirklichkeit geworden waren, sei es, dass sie die Fliegerei, das Automobil, den Weltkrieg oder die Inflation zum Gegenstand hatten.

Bei der Suche nach einer historischen Figur, die zu dem sagenhaften Propheten passte, ging der Pfarrer nicht gerade wissenschaftlich vor. Nachdem er festgestellt hatte, dass in Apoig einmal ein Mann mit dem Vornamen Mathias Müller gewesen war, erklärte er diesen zum Mühlhiasl. Dabei war der historische Mathias Lang eine ganz unspektakuläre Figur. Nachdem er die Mühle aufgegeben hatte, zog er umher, um schadhafte Mühlen zu reparieren, zu anderen Zeiten brachte er sich als Viehhüter und Kohlenbrenner durch. Darauf, dass er jemals irgendetwas geweissagt hat, gibt es nicht den geringsten Hinweis.

Ist der Seher Mühlhiasl also eine Erfindung? Wenn ja, dann müsste man wohl den Pfarrer Johann Georg Mühlbauer als den Spiritus Rector der Mühlhiasl-Legende betrachten.

Wer weiß. Die Mühle in Apoig ist zwar verschwunden, aber sie hat existiert. Vielleicht hat auch der Mühlhiasl wirklich gelebt. Und als Waldprophet lebt er allemal weiter – im Bewusstsein sehr, sehr vieler Menschen.

MORD AUF DEM WALDWEG VON GRUB

HUNDERDORF

Maria Steinbauer liebte ihren Mann nicht. Sie hatte ihn geheiratet, weil es ihr Vater, ein armer Tagelöhner, so wollte. Wolfgang Steinbauer liebte seine Frau auch nicht, aber er besaß einen Bauernhof und brauchte eine Hauserin. Er war ein geradliniger, aber, zumal seiner Frau gegenüber, mürrischer Mensch. Der geschlechtliche Verkehr mit ihr war für ihn mehr oder weniger Pflicht. Als er zur Lichtmess des Jahres 1901 den strammen Johann Aschenbrenner aus St. Englmar in Dienst nahm, funkte es bei Maria. Sie war 39 – vier Jahre jünger als ihr Mann, zehn Jahre älter als der neue Knecht. Sie machte ihm Avancen, und bald unterhielten die beiden ein Verhältnis zueinander. Der Nachbarschaft blieb das nicht verborgen, und endlich erfuhr auch der Bauer davon.

Am Abend des 11. November, des Martinstags, verließ Wolfgang Steinbauer nachmittags um halb fünf das Haus, um nach Rammelsberg zu gehen. Im dortigen Wirtshaus hatten sich bereits ein paar Freunde zum „Alten Bier" versammelt. Bei diesem Anlass trank man das Märzenbier, das noch in den Kellern lagerte; es musste Platz geschaffen werden für das nunmehr frisch gebraute Bier.

Die Männer spielten Karten. Zwischen halb und dreiviertel neun Uhr abends löste sich die Runde auf. Steinbauer verließ das Wirtshaus – ausnahmsweise nüchtern – zusammen mit dem Bauern Johann Söldner. Die beiden müssen ihren Weg gut gekannt

INFO:

Am leichtesten ist der mutmaßliche Tatort zu finden, wenn man von dem Weiher im Hunderdorfer Ortsteil Grub aus in Richtung Wald hinauf abbiegt. Der Weg führt in den Wald hinein und wird nach wenigen Hundert Metern zum Hohlweg.

haben, denn es war längst dunkel. Möglicherweise lag Schnee. In Hoch, unweit des Kleingütlerhauses Loibl – es dürfte sich dabei um eines der beiden heutigen Anwesen Hoch 37 oder 38 handeln –, verabschiedeten sie sich voneinander. Steinbauer schlug den direkten Weg nach Grub ein; dieser wird nach einigen Hundert Metern zum Hohlweg. Dort, im Hohlweg, muss er sich befunden haben, als Söldner einen Schuss hörte. Er glaubte, Steinbauer habe mit der Pistole, die er öfter bei sich trug, in die Luft geschossen. In Wahrheit kam der Schuss aus einer großkalibrigen Schrotflinte, die Johann Aschenbrenner aus dem Waffenschrank seines Dienstherrn genommen hatte. Die Steinbauerin hatte ihn dabei gesehen und, obwohl sie etwas irritiert war, nicht danach gefragt, was er vorhabe.

Der Knecht wusste ziemlich genau, wann und auf welchem Weg der Bauer zurückkommen würde. Er ging ihm entgegen und legte sich auf die Lauer. Im Hohlweg trat er ihm mit der Flinte in der Hand entgegen. Als ihm Steinbauer daraufhin mit einem Gehstock drohte, schoss er. Aus nächster Nähe in die Brust getroffen, brach Steinbauer zusammen. Um ganz sicher zu gehen, dass er tot war, schlug ihm der Knecht mehrmals den Gewehrkolben auf den Kopf, danach vergrub er die Waffe.

Bei seiner Rückkehr merkte die Bäuerin sogleich, dass etwas Schlimmes geschehen war, und Aschenbrenner versuchte nicht, es ihr zu verheimlichen. Er forderte sie vielmehr auf, zur Leiche zu gehen und ihr, um einen Raubmord vorzutäuschen, sämtliche Wertsachen abzunehmen. Er selbst habe dazu keine Zeit gehabt.

Der Tote wurde am nächsten Morgen gefunden. Weder sein Geldbeutel noch seine Tabakspfeife noch sonst etwas fehlte. Das allgemein bekannte ehebrecherische Verhältnis von Maria Steinbauer und Johann Aschenbrenner ließ den Verdacht sogleich auf die beiden fallen. Schnell fand die Polizei Beweise für Aschenbrenners Täterschaft.

Beim Prozess plädierte der Staatsanwalt auf Mord; Maria Steinbauer warf er zunächst eine Beteiligung an der Tat vor, später Anstiftung dazu. Weder das eine noch das andere konnte ihr nachgewiesen werden. Dass sie Aschenbrenners Geliebte gewesen war, hatte sie gleich nach ihrer Festnahme zugegeben.

Aschenbrenner leugnete das Verhältnis beharrlich. Den Mord gestand er. Im Januar 1902 verurteilte ihn das Schwurgericht in Straubing zur Todesstrafe und erkannte ihm die bürgerlichen Ehrenrechte ab. Kronprinz Luitpold gab einem Gnadengesuch statt und wandelte die Todesstrafe in eine lebenslängliche Zuchthausstrafe um. Johann Aschenbrenner war achtzehn Jahre und fünf Monate lang eingesperrt. Er starb 47-jährig im Zuchthaus Straubing. Über das Schicksal von Maria Aschenbrenner ist nichts bekannt.

DIE GEHEIMNISSE DES NIEDERBAYERISCHEN OLYMPS. DER BOGENBERG

BOGEN

Als der „heilige Berg Niederbayerns“ wird der Bogenberg oft bezeichnet. Die weithin sichtbare Erhebung zwischen der Donauebene und dem Bayerischen Wald ist förmlich dazu prädestiniert, die Rolle eines kleinen Olymps zu spielen. Seit rund viertausend Jahren ist sie besiedelt, und sicher befand sich auf ihrem Rücken bereits in weit vorchristlicher Zeit eine Kultstätte. Der Germanist und Theologe Fritz Fenzl glaubt, dass sie den „vor-christlichen drei Muttergottheiten“ gewidmet war. Fenzl erzählt eine Sage unbekannter Herkunft, der zufolge tief im Berg ein Schatz verborgen liegt. Einmal sei einem Hirtenjungen auf dem Bogenberg ein Schaf abhanden gekommen. Als er es suchte, standen plötzlich drei Frauen vor ihm und baten ihn um Hilfe. Sie erklärten ihm, dass sie, um erlöst zu werden, den Schatz heben müssten, und sie verheimlichten ihm nicht, dass das äußerst gefährlich sei. Doch der junge Mann sagte zu. Er ahnte nicht, dass der Schatz von einem gigantischen Drachen bewacht wurde, und als er den sah, ergriff er die Flucht. Damit blieben die drei Frauen unerlöst.

Wer sie waren, erwähnt die Sage nicht. Es wurde gemutmaßt, dass es sich bei ihnen um die Beten handelte, also um die germanischen Gottheiten Ambet, eine Erdgöttin, Borbet, eine Sonnengöttin, und Wilbet, eine Glücksgöttin und Mondfrau. Nach dem

INFO:

Der ungefähre Verlauf des Ringwalls ist auf archäologischen Karten verzeichnet; sehen kann man das zerfallene und überwachsene Gemäuer allerdings nicht.

Einzug des Christentums machte der Volksglaube aus ihnen die Dreiergruppe der Heiligen Einbeth, Warbeth und Wilbeth. Vor allem im süddeutsch-österreichischen Raum bat man sie früher um Beistand, u. a. dann, wenn der Kindersegen, den man sich wünschte, ausblieb.

Dass niemand weiß, wo der erwähnte Schatz liegt, versteht sich von selbst. Sicher aber müsste man ihn innerhalb des Ringwalls suchen, der einst die oberen Teile des Bergrückens umgab. Zwar ist ein Teil des Terrains, das er eingrenzte, von Archäologen untersucht worden, dennoch birgt es möglicherweise noch immer Entdeckenswertes – wenngleich dazu gewiss kein sagenumwobener Schatz gehört.

DIE ULRICHSKAPELLE IN HOFWEINZIER

BOGEN

Auf dem spitzen östlichen Ausläufer des Bogenberges steht die im gotischen Stil erbaute Ulrichskapelle, besser bekannt als die „Schimmelkapelle“. Diesen Namen verdankt sie einer Sage, nach der sich vor langer Zeit einmal ein Schimmel in die Kapelle verirrte, ein Windstoß deren Tür zuschlug und das Pferd daraufhin elend verendete.

Auch in Enzelhausen, einem Gemeindeteil von Rudelzhausen im Landkreis Freising, sowie im oberbayerischen Ascholding gibt es jeweils eine Schimmelkapelle. Die Erstere ist dem Heiligen Stephan geweiht, die Letztere dem Heiligen Georg. In beiden Kapellen sollen unter ganz ähnlichen Umständen Schimmel zu Tode gekommen sein wie in derjenigen am Bogenberg. Bemerkenswert ist, dass der hl. Ulrich häufig auf einem Pferd sitzend dargestellt wird, Stephan u. a. Schutzheiliger der Kutscher und Pferdeknechte ist und der berittene Drachentöter Georg u. a. als Patron der Reiter und der Pferde gilt. Der Gedanke liegt nahe, dass der Tod des Schimmels in der Sage den Sieg des Christentums symbolisiert: An den Standplätzen der heutigen Kapellen könnten früher heidnische, mit Pferden assoziierte Gottheiten verehrt worden sein. Zu denken wäre nicht zuletzt an den germanischen Gott Odin, der auf dem achtbeinigen Hengst Sleipnir ritt.

DIE FRONFESTE

BOGEN

INFO:

Das Haus in der Bachstraße 19 dient heute als Wohnhaus.

Im Jahr 1982 wurde das alte Haus in der Bachstraße 19, nahe dem Zentrum von Bogen, umgebaut. Dabei kamen nicht nur mittelalterliche Grundmauern zum Vorschein, es stellte sich auch heraus, dass ein Raum im ersten Stock in sechs Kammern geteilt gewesen war, von denen jede ein kleines vergittertes Fenster besaß, ferner eine Durchreiche mit Holzverschluss und eine kleine, verriegelbare Tür. Diese Entdeckung bedeutete nichts anderes, als dass man das einstige Bogener Gefängnis, die Fronfeste, gefunden hatte. In ihrer ursprünglichen, nicht mehr bekannten Form dürfte sie im frühen 15. Jahrhundert erbaut worden sein, knapp hundert Jahre nachdem Bogen zum Markt erhoben worden war und die niedere Gerichtsbarkeit zugesprochen bekommen hatte. Kapitalverbrechen – Mord und Totschlag, Raub und Diebstahl sowie Notzucht – wurden in Mitterfels verhandelt, alle anderen Vergehen konnte der Bogener Rat nun selbst ahnden; er verhängte Geldbußen, Freiheits- sowie Schandstrafen. Lange Zeit stand der Pranger – in diesem Fall ein an erhöhter Stelle angebrachter Gitterkäfig, in dem man die Bestraften gut sehen konnte – vor der Fronfeste. Hinter der Feste, am Bogenbach, gab es einen ähnlichen Käfig, der jedoch an einer Stangenvorrichtung hing und samt den darin Eingesperrten in den Bogenbach gesenkt werden konnte. Dieses Gerät, die so genannte Schnelle, diente unter anderem der Bestrafung von Bäckern, die zu leichtes oder zu

schwarzes Brot gebacken hatten. Die Bevölkerung ließ sich das Spektakel einer solchen Bestrafung nur ungern entgehen.

Auch die Schreie von Gefolterten werden Anwohner und Passanten „auf der Bogen“ – so hieß die Bachstraße damals – mitunter gehört haben. Im 17. Jahrhundert wurden mehrfach Menschen wegen angeblicher Hexerei festgenommen, in der Fronfeste der Tortur unterzogen oder für ein Jahr dort eingesperrt. Einmal bezichtigte die Frau eines Marktdieners, die im Erdgeschoss des Gebäudes gewohnt haben dürfte, die Witwe eines Schneiders der Hexerei. Daraufhin wurde für die Beschuldigte eigens ein Zwinger gebaut, „worin sie mit Ruten gehauen worden“. Zwei Mal wurde sie gefoltert, da sich aber durchaus keine Beweise für ihre Straftat auftreiben ließen, bekam sie eine Hexentafel

umgehängt und wurde damit vor der Kirche zur Schau gestellt. In der einen Hand musste sie eine Rute, in der anderen eine brennende Kerze halten, danach wurde sie verwarnt – und entlassen.

Im Jahr 1719 vernichtete ein Brand fast die gesamte Ostseite des Marktplatzes, darunter die Fronfeste und zahlreiche weitere Häuser in der heutigen Bachstraße. Das Amtsgebäude wurde in neuer Form wieder aufgebaut und diente nach seiner Fertigstellung dem Landgericht Mitterfels noch etwa fünfzig Jahre lang als Gefängnis für Schwerverbrecher. Im 19. Jahrhundert ließ der Rat des Marktes an anderer Stelle eine neue Fronfeste erbauen. Die alte wurde nur noch zu Wohnzwecken genutzt; ihre einstige Funktion geriet ebenso in Vergessenheit wie das Leid der vielen, die dort – zu Recht oder Unrecht – Strafen erlitten haben.

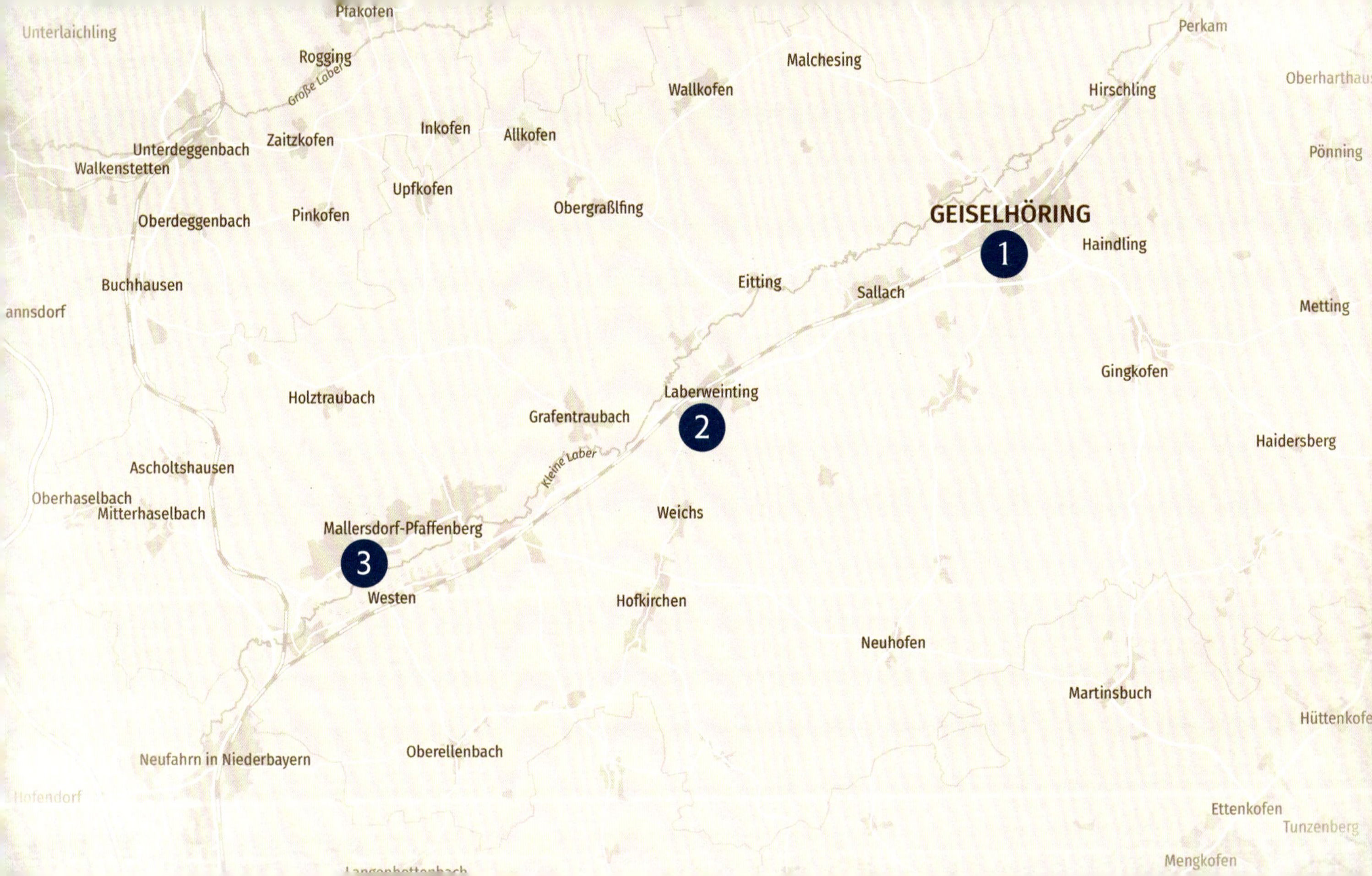
Pfakofen
Unterlaichling
Rogging
Große Laber
Malchesing
Perkam
Wallkofen
Hirschling
Oberharthaus
Inkofen
Allkofen
Zaitzkofen
Unterdeggenbach
Walkenstetten
Pönning
Upfkofen
Obergraßlfing
GEISELHÖRING
1
Haindling
Oberdeggenbach
Pinkofen
Eitting
Sallach
Buchhausen
annsdorf
Metting
Gingkofen
Laberweinting
Holztraubach
Grafentraubach
2
Haidersberg
Kleine Laber
Ascholtshausen
Oberhaselbach
Mitterhaselbach
Weichs
Mallersdorf-Pfaffenberg
3
Westen
Hofkirchen
Neuhofen
Martinsbuch
Hüttenkofer
Oberellenbach
Neufahrn in Niederbayern
Hofendorf
Ettenkofen
Tunzenberg
Mengkofen

SÜDLICH DER DONAU – DER GÄUBODEN

HAHNENGASSE NR. 10: „HEUT HAM S EUERN VATER DERSTOCHA!“

GEISELHÖRING

Danksagung
Für die große Beteiligung an der Leichenfeier meines innigstgeliebten Gatten, unseres unvergeßlichen Vaters, Sohnes, Bruders, Schwagers und Vetters, des ehrengeachteten
Herrn Peter Seidl
Hilfsarbeiter
spreche ich hiermit allen Freunden und Bekannten herzlichsten Dank aus …
Um ein Gebetsgedenken für den lieben Verstorbenen bittet
Die tieftrauernde Gattin Regina Seidl mit ihren vier Kindern nebst Verwandten.

So war es in einer Anzeige des Laber-Boten vom 30. Mai 1931 zu lesen. Der Dahingegangene hatte mit seiner Frau und den Kindern in der Geiselhöringer Hahnengasse gelebt. Diese Gasse ist, obwohl ganz in der Nähe des Rathauses gelegen, auch heute noch keine gehobene Wohngegend. Das Haus Nummer 10 hat seit jener Zeit Änderungen erfahren, sein Charakter dürfte jedoch dem damaligen ähnlich sein.

Ein paar Tage zuvor, am Pfingstsonntag, hatten die Brüder Franz, Georg und Peter Seidl jun. einen Bekannten besucht, der in einem Wohnwagen an der Laberbrücke, wenige Gehminuten entfernt, lebte.

INFO:

Das Haus in der Hahnengasse lernt man auch im Rahmen der kenntnisreichen Führung „Geiselhöringer Kriminalgeschichten“ von Daniela Lochner kennen.

www.krimi.eiskeller-haindling.de

Zusammen mit ihm, einem Hausierer namens Geier, hatten sie Bier getrunken, und zwar, wie es scheint, nicht wenig. Gegend Abend gesellte sich der Vater der drei Brüder, Peter Seidl sen., zu ihnen. Als ihn sein Sohn Peter um Geld bat, kam es zum Streit zwischen den beiden, und alle zwei zogen ihre Messer. Franz warf sich zwischen die Streithähne, offenbar um den Vater zu verteidigen. Es gelang ihm, Peter das Messer abzunehmen. Mit der Waffe in der Hand stellte er sich gegen seinen Bruder. Während der Vater aus dem Wohnwagen floh, eskalierte der Streit zwischen den Brüdern. Georg hatte sich eingemischt und bekam prompt von Franz einen Messerstich in den Oberschenkel versetzt. Anscheinend verfiel Franz nun in eine Raserei, jedenfalls stach er Peter so heftig in den Bauch, dass die Gedärme hervorquollen. Schnell holte Geier Hilfe, und man brachte den Verletzten nach Geiselhöring hinein. Doch Franz, der sich bereits entfernt hatte, kehrte um und stieß das blutige Messer nochmals in Peters Körper. Diesmal traf er die Lunge.
Peter Seidl sen. war Zeuge der Tat. Unter Schock stehend lief er zum Haus in der Hahnengasse 10, wo Regina Seidl

mit ihren vier Kindern auf die Heimkehr ihres Gatten, den Vater ihrer Kinder, wartete. Unter heftigem Schluchzen brachte er ihnen die grauenvolle Botschaft.

„Kinder“, rief er. „Heut ham s euern Vater derstochen!“

Tatsächlich starb Peter Seidl jun. am Abend des folgenden Tages in der Klinik, in die man ihn eingeliefert hatte. Er war bis zu seinem Ableben bei vollem Bewusstsein. Die Angaben, die er bei seiner Vernehmung durch die Gerichtskommission machte, waren klar und präzise und standen im Einklang mit den Aussagen anderer Zeugen, darunter derjenigen seines Bruders Georg, der wegen seiner Verletzung im Mallersdorfer Krankenhaus lag.

Franz Seidl, der kurz nach seiner Bluttat von der Polizei festgenommen worden war, stritt jede Beteiligung an dem Geschehen ab. Glauben schenkte ihm freilich niemand. Er musste sich vor dem Straubinger Amtsgericht verantworten. Welche Strafe ihm auferlegt wurde, bleibt im Dunkeln: Sowohl die Gerichtsakten als auch sämtliche anderen Dokumente, die Antwort geben könnten, sind verschollen.

DIE GREISSINGER **PESTTAFEL**

GEISELHÖRING

Zu den schlimmsten Zeiten in der Geschichte Bayerns gehört fraglos diejenige des Dreißigjährigen Krieges. Marodierend zogen die Truppen des Kaisers und der Katholischen Liga einerseits und diejenigen der Protestantischen Union andererseits durch das Land. Kurfürst Maximilian I. hatte den Feldherrn Johann T'Serclaes von Tilly zum Schutze Bayerns gerufen, doch als Tilly im Jahr 1632 starb, lag Bayern den Schweden offen. Auch die Gegend um Geiselhöring blieb nicht verschont. Die Landsknechte brandschatzten die Schlösser von Sallach, Laberweinting und Eitting, schändeten Kirchen, etwa die von Hadersbach, legten zahlreiche Geiselhöringer Häuser sowie bäuerliche Anwesen in Schutt und Asche und malträtierten die Bevölkerung auf das Grausamste. Abertausende verloren ihr gesamtes Hab und Gut, irrten durch die Berge und Wälder und starben vor Hunger und Kälte.

Dazu wütete noch ein anderer, grausamer Feind: die Pest. Viele, die dem Krieg entkommen waren, fielen ihr zum Opfer. Ganze Dörfer – darunter das nah bei Geiselhöring auf der anderen Seite der Kleinen Laber gelegene Greißing – starben aus.

Die Greißinger Dorfsage, die mindestens einen wahren Kern hat, erzählt, dass alle noch lebenden Bewohner mit ihren Habseligkeiten vor den Schweden geflohen waren – mit der Ausnahme des Mesnerehepaars Hans und Maria Lährnpeitl. Die beiden hatten sich mit einem bescheidenen Vorrat an Essbarem, darunter ein paar Hühnern, im Kirchturm

INFO:

Die Greißinger Kirche ist meist verschlossen, so dass die Pesttafel so gut wie ausschließlich während der Gottesdienstzeiten zu besichtigen ist.

versteckt. Von dort aus mussten sie miterleben, wie die Schweden die umliegenden Häuser verwüsteten und niederbrannten, die Kircheneinrichtung zertrümmerten und später auch noch das wenige Kilometer entfernte Sallach in Flammen aufgehen ließen.
Auch als nach und nach überlebende Greißinger zurückkamen, war das Leiden nicht vorüber, denn sie brachten die Pest mit. Wieder starben viele. Also blieben die Lährnpeitls in ihrem Versteck – bis sie der Hunger daraus vertrieb. Pestleichen und Tierkadaver lagen auf den Straßen, doch die Lährnpeitls überlebten. Aus Dankbarkeit stifteten sie ein Gemälde, die so genannte Greißinger Pesttafel. Das Ölbild hängt noch heute in der Greißinger St.-Ulrichskirche. Es ist ein erschütterndes Zeitdokument, das dem Betrachter die entsetzlichen Leiden der Menschen in Wort und Bild vor Augen führt. Dargestellt sind die Kirche mit dem damals noch existierenden Beinhaus, und Hunde, die menschliche Gliedmaßen und Gebeine zernagen. Die Inschrift, in modernes Deutsch übersetzt, lautet:
Nach der allerheiligsten Geburt Jesu Christi 1632 sind wir arme Untertanen im Monat Mai durch die Reiter des Obristen Kratz, danach anno 1633, als die Schweden die Stadt Regensburg eingenommen hatten, und anno 1634, als die kaiserlichen, königlichen und Bayrischen Soldaten kamen, also von Freunden und Feinden, dermaßen geplündert worden, dass wir keine Pferde, Rinder, Schweine, Lämmer, Hennen, Gänse, Enten, also nichts mehr besaßen und von den Unseren viele erschlagen, erschossen und geschwaiblt [d. h. mit einem um den Kopf gebundenen Strick, der mithilfe eines Stockes immer weiter zusammengedreht wird. A. d. Verf.] worden waren. Und was noch erbärmlicher zu hören und zu sehen war: Als wir wieder nach Hause kamen, erfolgte ein solches Peststerben, dass viele Leute auf dem Feld und hinter den Zäunen von den Hunden aus Hunger gefressen wurden. Der allmächtige Gott sei ihnen und uns allen gnädig und barmherzig. Amen.

Hans Lährnpeitl

GABRIEL KASTNER, DER „EISKOID VON HAINDLING“

GEISELHÖRING

Hainsbach ist ein Gemeindeteil der Stadt Geiselhöring. Im Lehensbuch des Regensburger Klosters Sankt Emmeram wird im 13. Jahrhundert zum ersten Mal die dortige Burg erwähnt. Nichts erinnert daran, wie sie aussah. Auch das im frühen 17. Jahrhundert an ihrer Stelle erbaute Schloss existiert nicht mehr. Alles, was sich erhalten hat, sind die Namen ihrer Besitzer – und ein paar Geschichten, die sich um den Adelssitz ranken. Die meisten davon berichten von Missgunst und Streit. 1467 erwarb Adam Kastner zu Metzing, Pfleger zu Donaustauf, das Erbrecht auf die Burg Hainsbach. Ihm folgte sein Sohn Siegmund, nach diesem übernahmen – mit Zustimmung des Abtes Ambrosius von St. Emmeram – 1533 seine Söhne Coloman, Siegmund und Gabriel Kastner das Lehen Hainsbach. Die Schicksale von Coloman und Siegmund sind nicht überliefert, doch ab dem Jahr 1540 verwaltete Gabriel Kastner allein die Hofmark Hainsbach-Haindling für das Kloster St. Emmeram.

Der Hainsbacher Hofmarksherr scheint der Inbegriff dessen gewesen zu sein, was man im Bairischen einen Prozesshansl nennt. So klagte er einmal bei der fürstlichen Regierung in Landshut gegen einen gewissen Erhard Klöpfer zu Oberndorf bei Haindling. Er warf ihm vor, ein Nebenhaus gebaut und vermietet und damit eine Weide eingeschränkt zu haben. Der Beklagte rechtfertigte sich damit, dass er, um Taglöhner zu bekommen, für sie Wohnungen

INFO:

Die Grabplatte des „Eiskoid“ steht direkt beim Hintereingang der Haindlinger Wallfahrtskirche.

Das Grab von Gabriel Kastner und seiner Frau befindet sich auf der linken Seite der Hainsbacher Pfarrkirche, unmittelbar neben dem linken Seitenaltar.

Der Verein „Eiskeller Haindling e.V.“ veranstaltet in der dunklen Jahreszeit nächtliche Führungen, die Einblick geben „in das dörflich-ritterliche Leben in der zweiten Hälfte des 16. Jahrhunderts“.

www.eiskeller-haindling.de/fuehrungen/da-eiskoid/

habe bauen müssen; der Hofmarksherr Kastner belaste die Taglöhner so stark mit Frondiensten, dass sie kaum noch Zeit fänden, auf den Höfen zu arbeiten. Wahrscheinlich hat Kastner die Arbeiter in der Tat nach Strich und Faden ausgebeutet. Er war, so der Volksmund, „a eiskoider Hund". Der fürstliche Rat jedenfalls gab Klöpfer recht. Nichts deutet darauf hin, dass sich Kastners Verhalten danach geändert hat.

Gabriel Kastner, der Letzte seines Geschlechts, starb im Jahr 1565 ohne einen männlichen Erben zu hinterlassen. Er wurde in der **Pfarrkirche von Hainsbach** beigesetzt. Auf dem Grabstein aus Rotmarmor ist der Gekreuzigte darge-

stellt, zu seinen Füßen die Stadt Jerusalem. Links und rechts des Kreuzes knien Gabriel Kastner und eine Gemahlin.
Und in der **Kirche von Haindling**, das wie Hainsbach zu Geiselhöring gehört, erinnert ein Marmorgrabstein an Kastner. Die Inschrift auf der Platte, die ihn als Ritter zeigt, lautet: „Anno Dni 1565 den 17 Augusti ist verschiden der Edl und vest Gabriel Kastner zu Hainspach, Haindling und Mözing, der lezt des namens, so zu Hainspach mitten in der Kirchen begraben ligt, dem Gott genad Amen".
Ob ihm Gott wirklich gnädig ist, vermag niemand zu sagen. Die Grabplatte jedenfalls ist immer eiskalt.

DER GAISHAUBENER SOLDATENMORD

GEISELHÖRING

„Das fürchterliche Verbrechen, das in Gaishauben anno 1800 begangen wurde, lebt noch immer fort in der Erinnerung der Leute und ist ein häufiger Gesprächsstoff am Wirtstisch und im Heimgarten. Das Wesentliche des blutigen Vorganges hat sich ungetrübt erhalten, in den Einzelheiten weicht aber die Schilderung jener Begebenheit von dem tatsächlichen Hergang stark ab."
So schreibt Karl Holzgartner – in den 1960er Jahren als Kooperator in Haindling tätig – in seiner Zusammenfassung dessen, was am 6. November 1800 in der Einöde Gaishauben bei Geiselhöring geschah. Wie sehr das, was man sich „am Wirtstisch und im Heimgarten" erzählt, von der Wahrheit abweichen kann, stellt Holzgartner an diesem Beispiel dar: In Gaishauben, so meinten manche, sei eine Kriegskasse aufbewahrt worden. Zu ihrer Bewachung hätten die französischen Besatzer drei Soldaten in der Einöde einquartiert; diese seien von den Bauern, die es auf die Kasse abgesehen hatten, erschlagen worden. Die Täter hätten die toten Franzosen begraben, deren Helme aber seien auf unerklärliche Weise immer wieder zum Vorschein gekommen, wodurch schließlich die Behörden auf die Bluttat aufmerksam wurden.

Der wahre Kern dieser Erzählung besteht darin, dass während der Zeit der napoleonischen Kriege in Geiselhöring und Umgebung französische Soldaten stationiert waren und zwei (nicht drei) von ihnen

INFO:
In Gaishauben existieren keine Spuren des Soldatenmordes mehr. Auch der Ort, an dem die beiden Franzosen vergraben worden waren, lässt sich nicht mehr auffinden.

auf dem Hof des Bauern Bartholomäus Schmaisser in Gaishauben zu Tode kamen. Die zuverlässigste Auskunft über das, was sich dort abgespielt hat, geben der Bericht des Mallersdorfer Chronisten Abt Deigl und der des Haindlinger Pfarrers Roman Zirngibl. Auch ihre Schilderungen weichen leicht voneinander ab, alles in allem aber ergibt sich folgendes Bild:
Im Jahr 1800 sollten auf Schmaissers Hof zwei französische Soldaten, beide 22 Jahre alt, einquartiert werden. Am Nachmittag des 6. November erreichten sie in angetrunkenem Zustand Gaishauben, „krakehlten dort, schlugen die Einwohner und verlangten von ihnen Brot und Bier" (Zirngibl). Es kam zu einem Wortwechsel, der in eine Schlägerei ausartete. Als Bartholomäus Schmaisser in Bedrängnis geriet, eilte ihm sein Bruder Lukas zu Hilfe. Mit einem Prügel schlug er – vermutlich ohne Tötungsabsicht – nach einem der Franzosen und traf ihn so unglücklich, dass er auf der Stelle starb. „Jetzt bemächtigte sich Angst und Schrecken der beiden Brüder, und in dieser Verfassung wußten sie keinen anderen Rat, diese unglückliche Tat zu verheimlichen, als wenn sie auch noch den 2ten Soldaten ums Leben brächten." Sie schlugen mit Hacken und Knitteln auf ihn ein und drückten ihm schließlich „den Kopf solange in die Dungpfütze, bis er ersäufte". Daraufhin legten sie die Toten auf einen Wagen „und führten sie ¼ Stund vom Hof weg ins Holz. Dort wurden sie in die Erde verschart, ..." (Deigl). Die Brüder fuhren heim und bemühten sich, die Spuren der Tat zu verwischen, unter anderem, indem sie das Blut von dem Wagen wuschen. Offenbar taten sie das nicht gründlich genug.

„Am 7. Nov. 1800 merkten die H. Offiziers der bey uns einquartierten Compagnie den Abgang zweier Soldaten, … Man suchte allda nach. Man fand einige Spuren einer verübten Mordtat an dem Tagwercher Lorenz Schmaisser.“ (Zirngibl) Außerdem wurden Blutspuren an dem Wagen sowie Kopfhaar und Blut an einer Hacke festgestellt.
„Das war nun schon genug, die ganze Familie, nämlich die zwei Brüder, das Weib des einen und die 2 Mägde einzustecken. Es wurde ein schärfers Examen vorgenommen, aber noch alles geläugnet. Endlich lockte man dem schwachen Weibe ein Geständnis ab, das sie unter folgender Bedingnis

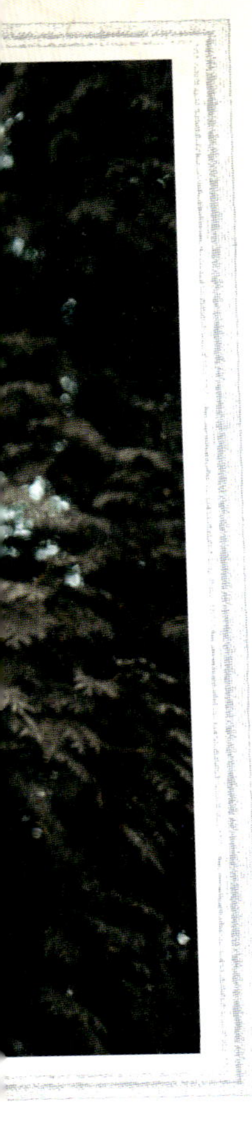

ablegte, indem sie sagte: wenn mir nichts geschieht und der Bauer nicht mehr beym Leben bleibt; denn sonst brächte er mich um. Beydes gestund man ihr, besonders das letztere gar gerne zu. Und sie entdeckte also alles Obige. Man ging an den Ort, wo die Erschlagenen begraben lagen, fand ihre Leichname schrecklich zerstimmelt und zugerichtet.“ (Deigl) Das Geld, das sie bei sich getragen hatten, war ihnen nicht abgenommen worden. Auf dem Friedhof von Haindling fanden sie ihre letzte Ruhestätte.

Den Angehörigen der Familie Schmaisser wurde in Landshut der Prozess gemacht. Er „endigte sich mit folgendem Urteile: der Bauer wurde erschossen, aber auf eine martervolle Weise, indem sie ihm zuvor, man weis nicht aus Absicht oder aus Unschicklichkeit, fast Arm und Bein entzwey schossen, bis er endlich einen tötlichen Schuß bekam. Das Weib und der Bruder mussten dieser grausamen Marter zusehen. Erstere wurde dann mit den Mädchen nach Hause geschickt, der Bruder aber auf 5 Jahre zum Rudern auf dem Meere verdammt, … Man sagt aber, dass diese Ruder-Jahre in hierländische Zuchthausstrafe von ebensoviel Jahren verändert werden. Der Hof hieß es soll abgebrannt werden, …; aber St. Emmeram, wohin er grundbar ist, soll ihn mit einigen Tausend fl ausgelöset haben. Die Bäuerin ist wieder auf dem Hofe.“ (Deigl)

BEGEGNUNG AUF DER WEICHSER HÖHE

LABERWEINTING

Die Weichser Höhe ist keine Erhebung, die weit über die umgebende Landschaft hinaus ragt. Es handelt sich bei ihr um nicht recht viel mehr als um einen sanften Hügel zwischen den Laberweintinger Gemeindeteilen Weichs und Haader. Dennoch ist sie ein besonderer Ort, denn von hier kann der Blick weit über die Felder und Wiesen schweifen. Auch der Verlauf der beiden Straßen, die sich hier kreuzen – derjenigen von Weichs nach Haader sowie der von Ödwiesen nach Laberweinting – lässt sich über Kilometer hinweg verfolgen.
Die Gegend ist fruchtbar und seit sechs- oder siebentausend Jahren besiedelt. Niemand weiß, welche Bedeutung die Weichser Höhe in ferner Vergangenheit für die Menschen hatte. Es ist gut möglich, dass der erwähnte Weitblick die Entstehung einer Kultstätte zur Folge hatte. Die ist, falls sie jemals existiert haben sollte, längst verschwunden, aber vielleicht hat sich unterschwellig eine vage Erinnerung an sie erhalten. Auf jeden Fall hieß es noch vor ein paar Generationen immer wieder, dass es dort oben „nicht mit rechten Dingen" zugehe. Und in den 1980er Jahren berichtete ein Mann glaubhaft von einem bemerkenswerten Erlebnis, das sein Großvater, ein Bauer aus Haader, im frühen 20. Jahrhundert hatte.
Der Großvater kam eines späten Abends in der Allerseelenzeit mit seinem Fuhrwerk vom Landshuter Getreidemarkt heim. Die Wege waren noch nicht

asphaltiert, es war stockdunkel und außer dem Rumpeln des Fuhrwerks und dem Schrei eines Nachtvogels war nichts zu hören. Der Wagen näherte sich der Straßenkreuzung, an der damals noch ein Wegkreuz stand. Da sprang hinter dem Rücken des Bauern etwas auf die Ladefläche. Erschrocken sah er sich um – und erblickte ein Männlein mit einer brennenden Laterne in der Hand und einem grauen Bart, so lang, dass er ihm bis an die Knie reichte. Zitternd vor Angst und schweißnass hieb der Bauer auf seine beiden Gäule ein, um sie zu einer schnelleren Gangart zu bewegen. Doch so sehr sie sich auch anstrengten, sie kamen nur langsam und mit großer Mühe voran. Der Bauer bekreuzigte sich das eine um das andere Mal und betete ein Dutzend Vaterunser für die arme Seele, die hier umgehen müsse.

Endlich erreichte er mit seinem Fahrzeug das Wegkreuz. Kaum dort angekommen, sprang der unheimliche Fahrgast vom Wagen, ging einmal um das Kreuz herum und verschwand in der Dunkelheit. Wie von einer Riesenlast befreit drängten die Pferde nun ihrem Stall zu. Daheim angekommen musste der Bauer den Seinen lange erklären, warum er so totenblass war.

Das Wegkreuz auf der Weichser Höhe ist verschwunden. Warum und von wem es einst errichtet worden war, weiß niemand mehr.

Der vorstehende Bericht ähnelt auf bemerkenswerte Weise demjenigen von dem Holzhändler aus Hinterhof (s. S. 103). Auch auf seinen Wagen war jemand von erheblichem Gewicht auf- und an einem Wegkreuz wieder abgesprungen.

DER SCHADERER HANS UND DIE EISENBAHN

MALLERSDORF-PFAFFENBERG

Der Schadererberg zwischen Ascholtshausen und Stofflach bildet die Wasserscheide zwischen Großer und Kleiner Laber. Den größten Teil seines Rückens nimmt ein wunderbarer alter Waldbestand ein. Aber ansonsten … nein, ansonsten prägt der Schadererberg die Landschaft nicht auf eine beeindruckende Weise. Wie es in seinem Inneren ausschaut, ist jedoch eine andere Sache. Dort nämlich wohnt der Schaderer Hans. Über seine Herkunft ist kaum etwas bekannt. Manche meinen, er sei in weit zurückliegenden Tagen der Bauer von Schönhöfen gewesen, einer Einöde ein paar Kilometer nördlich des Schadererbergs. Andere glauben, er entstamme dem Geschlecht der Herren von Schad, denen im 17. Jahrhundert das nahe gelegene Schloss Oberhaselbach gehörte. Doch das eine wie das andere steht so wenig fest wie alles, was über den Schaderer Hans gesagt wird. Man weiß weder, wie noch warum er in den Berg gekommen ist. Sicher ist lediglich, dass es sich beim Hans nicht um einen bösen Geist handelt, der den Menschen Angst einjagt oder ihnen sonst etwas zuleide tut. Im Übrigen hat er seit langer Zeit nichts mehr von sich hören oder sehen lassen. Überhaupt ist er nur wenige Male in Erscheinung getreten. Da allerdings war nicht zu übersehen, welch unbändige Kraft er besitzt.

Es war so: Als in den 1850er Jahren der Schienenweg von München nach Regensburg gebaut wurde, führte man die Strecke auf der Westseite des Scha-

INFO:

Etwa in der Ortsmitte von Ascholtshausen weist ein Schild den Weg nach Stofflach. Folgt man der Ausschilderung, so gelangt man nach ca. einem Kilometer zu der Stelle, an der die Straße den Einschnitt überquert, in dem die Bahn fährt. Der Wald oberhalb des Gleises bietet sich für Spaziergänge an.

dererbergs vorbei … Das heißt: Nein, man führte sie eben nicht daran vorbei, sondern man legte sie so, dass sie den westlichen Ausläufer des Bergs durchschnitt. Über Wochen, wenn nicht gar über Monate hinweg, waren die Arbeiter damit beschäftigt, den tiefen und breiten Graben auszuheben, in dem später die Gleise verlaufen sollten. Das verdross den Hans außerordentlich. Er verabscheute nicht nur den Lärm, ihm war vor allem zuwider, dass man seine Wohnstatt dermaßen traktierte. Und so verließ er Nacht für Nacht – jedenfalls, wenn der Mond nicht gerade allzu hell schien – sein unterirdisches Quartier, um das, was die Menschen bewerkstelligt hatten, in Augenschein zu nehmen. Und Nacht für Nacht wuchs sein Verdruss. „Dees is nix, und dees werd nix!", sagte er und beschloss, sich zu wehren.
Endlich war die Bresche fertig, nun sollten die Gleise verlegt werden. Da aber reichte es dem Hans. Er kam aus seiner Behausung, und mit seiner gigantischen Kraft schob er den Graben wieder zu. Wo noch Löcher waren, verstopfte er sie mit Erde aus dem Inneren des Berges.

Als am nächsten Morgen die Arbeiter erschienen, staunten sie nicht schlecht, doch sie setzten sogleich ihre Maschinen in Gang, griffen zu den Schaufeln und begannen damit, die Erdmassen ein weiteres Mal beiseite zu räumen. Aber der Schaderer Hans machte sich erneut daran, die Dinge nach seinem Willen zu gestalten …

Man weiß nicht mehr, wie oft er den Graben mit seiner mächtigen Brust zugeschoben hat, es mag ein halbes Dutzend Mal gewesen sein. Schließlich aber gab er auf. Die Arbeiten wurden vollendet, die Eisenbahn konnte den Einschnitt im Schadererberg queren. Ein letztes Mal noch, es war im Jahr 1895, packte den Hans die Wut. Wieder riss er einen Teil der Grabenwand ein und warf das Erdreich auf die Gleise. Seither herrscht Ruhe. Ob sie für immer währt oder ob sich der Schaderer Hans etwas Neues ausdenkt, wird sich zeigen. Er hat Zeit.

DANKSAGUNG

- JONAS DILGER, Haibach
- ALFONS FRANKL, Windberg
- FRITZ FUCHS, Konzell
- MARTIN GRAF, Haselbach
- RAINER HARTL, München
- KARL KONRAD (†), Schwarzach
- ALOIS LEDERER, Geiselhöring
- DANIELA LOCHNER, Geiselhöring
- DR. STEFAN MAIER, Gäubodenmuseum Straubing
- BARBARA MICHAL, Kreismuseum Bogenberg
- HANS NEUEDER, Bogen
- ISOLDE SCHMIDT, Regensburg
- MONIKA URBAN, Konzell
- HERBERT ZANKL, Stallwang

DER AUTOR UND DER FOTOGRAF

HERBERT BECKER

ist aufgewachsen in München. Beamtenanwärter, Abitur (Zweiter Bildungsweg), Studium der Nordamerikanischen Kulturgeschichte. Studienreiseleiter. Fester freier Mitarbeiter des Bayerischen Rundfunks, daneben schriftstellerische Tätigkeit. Jetzt wohnhaft im Bayerischen Wald.

CHRISTIAN GRELLER

geboren 1978 in Regensburg, lebt in Regenstauf und ist Angestellter bei der Stadt Regensburg. Die Bilder des nebenberuflichen Fotografen sind bereits in mehreren Zeitschriften erschienen, u. a. in DIE ZEIT. 2017 fand seine erste Ausstellung „Auf dunklen Pfaden" statt.

LITERATURVERZEICHNIS

Bayerisches Landesamt für Umwelt: Umweltatlas Bayern: „Angewandte Geologie"

Becker, Herbert: „Schöner ist es nirgendwo. Haibach – Elisabethszell – Vorderer Bayerischer Wald", Justland Verlag, Furth bei Bogen 2022

Dachs, Johann: „Wahre Mordgeschichten. Kriminalfälle aus der Oberpfalz und Niederbayern", MZ Buchverlag, Regenstauf 2015

Fenzl, Fritz: „Magische Kraftorte in Niederbayern", SüdOst Verlag, Regenstauf 2018

Fendl, Josef: „Der Teufel im Backofen. 77 scheichtsame Geschichten", Straubing 2001

Forstner, Thomas: „100 Jahre Mühlhiasl", in: Bilder der Gegenwart, Herder Verlag, Freiburg April 2023

Hahn, Erwin: „Gemeinden und Gemeinschaften", in: „Kirchroth. Gemeinde zwischen Donau und Wald", Kirchroth 2018

Huber, Alfons: „Hexenwahn und Hexenprozesse in Straubing und Umgebung", in: Straubinger Hefte. 25. Heft, 1975

Karl, Konrad: „Wundersame, scheichtsame und lustige G'schichten", Schwarzach 2014

Klar, Kornel: „Kranz von Sagen und Geschichten der näheren Heimat". Hunderdorf 1999

Krenn, Dorit-Maria: „200 Jahre Gäubodenvolksfest", Straubing 2013

Lachner, Max: „Der Blutstuhl von Höfling", in: Mitterfelser Magazin v. Sept. 2013
Laber-Bote vom 26. Mai 1931

Lange, Gerhard: „Das gute Jahr im Bayerischen Wald", München 1956

Menacher, Erich / **Zankl,** Herbert: „Stallwang. Geschichte und Geschichten einer Bayerwaldpfarrei", Stallwang 2020

Mußinan, Joseph von: „Über das Schicksal Straubings und des baierischen Waldes während des dreyßig jährigen Krieges vom Oktober 1633 bis April 1634." Straubing 1813

Neueder, Hans: „Bogener Bildergeschichten", Band 2, Bogen 1995

Prager, Alfons: „Wie der Teufel den Schlossherrn von Haibach holte", in: Mitterfelser Magazin v. November 2019

Rösch, Franz (Arbeitsgemeinschaft für Naherholung Mittleres Labertal): „Um den Familientisch, Heimatkundliche Beilage zum Mallersdorfer Anzeiger aus den Jahren 1925–1936", Straubing, Mallersdorf-Pfaffenberg 1980

Schäfer, Werner: „Agnes Bernauer und ihre Zeit", Verlag Nymphenburger, München 1987

Straubinger Tagblatt vom 20. u. 23. Januar 1950, 18. Dez. 1964, 8., 9., 10., 15., 17., 18., 19., 22., 23. u. 26. März 1966

Tosch, Franz: „Teufelsfelsen, Bogenberg und weitere Geotope im Landkreis Straubing-Bogen", in: Mitterfelser Magazin v. Sept. 2014

Wartner, Franz / **Tosch,** Franz: „Die letzte Hinrichtung in Mitterfels 1847", in: Mitterfelser Magazin v. Juni 2022

Wolf, Martin: „Henker, Scharfrichter und Wasenmeister in Straubing", in: Straubinger Hefte. 63. Heft, 2013